MW01234154

Roman in Romanzen des
Hamburger Schriftstellers Richard Dehmel

SEVERUS Verlag

Dehmel, Richard: Zwei Menschen. Roman in Romanzen des Hamburger Schriftstellers Richard Dehmel. 2021
Neuauflage der Ausgabe von 1903
ISBN: 978-3-96345-247-5

Satz: Friederike Grube

Umschlaggestaltung: Annelie Lamers, SEVERUS Verlag
Umschlagmotiv: www. freepik.com

Bibliografische Information der Deutschen Nationalbibliothek: Die Deutsche Nationalbibliothek verzeichnet diese Publikation in der Deutschen Nationalbibliografie; detaillierte bibliografische Daten sind im Internet über https://dnb.de abrufbar.

Der SEVERUS Verlag ist ein Imprint der Bedey & Thoms Media GmbH, Hermannstal 119k, 22119 Hamburg

SEVERUS Verlag, 2021
http://www.severus-verlag.de
Gedruckt in Deutschland

Richard Dehmel

Zwei Menschen

Roman in Romanzen des
Hamburger Schriftstellers Richard Dehmel

Inhalt

Leitwort:

Öffne still die Fensterscheibe,
die der volle Mond erhellt;
zwischen uns liegt Berg und Feld
und die Nacht, in der ich schreibe.
Aber öffne nur die Scheibe,
schau voll über Berg und Feld,
und hell siehst du, was ich schreibe,
an den Himmel schreibe: Wir Welt!

Erster Umkreis:
Die Erkenntnis

Eingang:

Steig auf, steig auf mit deinen Leidenschaften,
tu ab die lauliche Klagseligkeit;
lach oder weine, hab Lust, hab Leid,
und dann recke dich, bleib nicht haften!
Um den Drehpunkt des Lebens kreisen
Wonne und Schmerz mit gleichem Segen;
sieh, mit unaufhaltsamer Sehnsucht weisen
die Menschen einander Gott entgegen!
Stolpert auch Jeder über Leichen,
schaudre nicht davor zurück!
denn es gilt, o Mensch, ein Glück
ohne gleichen zu erreichen.

1.

Zwei Menschen gehn durch kahlen, kalten Hain;
der Mond läuft mit, sie schaun hinein.
Der Mond läuft über hohe Eichen;
kein Wölkchen trübt das Himmelslicht,
in das die schwarzen Zacken reichen.
Die Stimme eines Weibes spricht:

Ich trag ein Kind, und nit von Dir,
ich geh in Sünde neben dir.
Ich hab mich schwer an mir vergangen.
Ich glaubte nicht mehr an ein Glück
und hatte doch ein schwer Verlangen
nach Lebensinhalt, nach Mutterglück
und Pflicht; da hab ich mich erfrecht,
da ließ ich schaudernd mein Geschlecht
von einem fremden Mann umfangen,
und hab mich noch dafür gesegnet.
Nun hat das Leben sich gerächt;
nun bin ich Dir, o Dir begegnet.

Sie geht mit ungelenkem Schritt.
Sie schaut empor; der Mond läuft mit.
Ihr dunkler Blick ertrinkt in Licht.
Die Stimme eines Mannes spricht:

Das Kind, das du empfangen hast,
sei deiner Seele keine Last,
o sieh, wie klar das Weltall schimmert!
Es ist ein Glanz um alles her;
du treibst mit mir auf kaltem Meer,

doch eine eigne Wärme flimmert
von dir in mich, von mir in dich.
Die wird das fremde Kind verklären,
du wirst es mir, von mir gebären;
du hast den Glanz in mich gebracht,
du hast mich selbst zum Kind gemacht.

Er fasst sie um die starken Hüften.
Ihr Atem küsst sich in den Lüften.
Zwei Menschen gehn durch hohe, helle Nacht.

2.

Die Sonne strahlt auf rauhen Reif;
Baum bei Baum steht weiß, steht steif.
Aus ihren Pelzen von Kristallen
lassen die Zweige Tropfen fallen.
Schon zeigt ein Wipfel nackte Spitzen,
die feucht und scheu gen Himmel blitzen.
Der Park will weinen, die Sonne lacht;
zwei Menschen beschauen die schmelzende Pracht.
Sie stehn auf eisernem Balkone.
Ein Mann sagt innig, sagt mit Hohn:

So, Fürstin, war's im blendenden Saale.
So standest du bei deinem Gemahl
in deinem Pelz von Silberbrokat,
als ich, ein Lohnmensch, vor dich trat.
Da; fühlst du noch? was war da ich,
der hergeschneite Unbekannte,
und wie sich plötzlich außer sich
dein Auge doch in meines brannte
und immer nackter sich entspannte,

als ob im glitzernden Gehölze
das Schwarze aus dem Weißen schmölze.
Ja, Fürstin: da beherrscht' ich mich
und küsste nicht, o Du, die Hand,
die schon zu mir herüberfand,
sonst hätt' ich auch den Mund geküsst:
so klar, so starr ergriff mich dein Gelüst,
mit mir gleich zwei erschütterten Kristallen,
die mächtig warm das ewige Licht beschlich,
in Einen Tropfen zusammenzufallen.
So bist du mir; so rein, so frei! – Und ich??

Hoch steht der Park mit Eis befiedert.
Die starren Wipfel, Trieb an Trieb,
erschauern wirr. Das Weib erwidert:

ich weiß nicht, wie du bist – du bist mir lieb –

Ein Windstoß stöbert durch den Park.
Zwei Menschen fröstelt bis ins Mark.

3.

Aus erleuchteten Fensterräumen
tönt in die Nacht Musik und Tanz;
Jenseit der Straße verschwimmt der Glanz
unter dunklen Trauerbäumen.
Ein Kirchhof schweigt da, Grab an Grab.
Das Licht prallt von den Leichensteinen,
die schwarz durch weiß zu huschen scheinen;
zwei Menschen wandeln auf und ab.
Am winterlich durchnässten Zaune
tönt eines Weibes zögerndes Geraune;

Schon Einmal wollt sich bei solchen Klängen
Einer in mein Innres drängen;
ich hatt ihn Jahr und Tag gekannt.
Wenn er in meiner Nähe stand,
ging mir das Blut in Feuerflüssen.
Als er mich endlich wagte zu küssen.
war alles in mir abgebrannt.
Ich hörte nur die Tanzmusik:
was er wie Sphärenklang empfand,
war mir Gedudel und Gequiek.
Ich konnt mir nit ein Wörtchen abringen.
Jetzt – hör ich Engelsharfen klingen.

Von den goldig glänzenden Lettern
der Gräber scheint der Glanz abzublättern:
das Licht schielt um die nassen Gitter.
Ein Mann gesteht, fast mit Gezitter:

Wir haben einander sehr ähnlich gelebt.
Unsre Liebe tanzt auf Leichen,
die keine fromme Hand begräbt.
Noch gestern sah ich ein Gesicht erbleichen:
sie will vom Leben nichts als mich,
ich konnt ihr nichts als Mitleid reichen,
in das sich noch Verachtung schlich.
Ich liebe dich.

Das Licht lacht auf den blanken Steinen;
zwei Menschen möchten lachen wie weinen.

4.

Zwischen geputzten Herren und Damen,
die durch Zufall zusammenkamen,
wiegen zwei Menschen sich im Tanz;
um sie rauscht des Saales Glanz.
Bebend legt sich im Kreis der Kerzen
sein dunkles in ihr schwarzes Haar,
legt sich über zwei bebenden Herzen
an ihr Ohr sein Lippenpaar:

Ja, du: wiege dich, lass dich führen,
und fühl's, fühl's: Niemand kann uns trennen!
Lass uns nichts als Uns noch spüren,
selig Seel in Seele brennen!
Zehn Jahr lang glaubt'ich, dass ich liebte;
zu Hause sitzt mein Jugendglück,
sitzt und starrt auf Einst zurück,
als ich sie noch »ewig« liebte.
Nimm mich, wiege mich! Hingegeben
bringt sie jetzt ihr Kind zur Ruh;
ist auch Mein Kind! – Nimm mich, Leben,
wiege, wiege mich, führ mich Du!

Taumelnd drängt sich im Kreis der Kerzen
sein wirres in ihr wirres Haar,
drängt sich über zwei taumelnden Herzen
an sein Ohr ihr Lippenpaar:

Ja, es wiegt uns! Nit erzählen!
Führe mich sanfter! Nit uns quälen!
du bist mir gut, ich bin dir gut.

Hab doch auch die Seel voll Schmerzen:
spür ein Kindchen unterm Herzen,
und ist nicht von Deinem Blut.
Sanfter noch – mir braust vor Hitzen
komm, sei lieb, mein wilder Tor!
hüte deine Augenblitze –
nick mal – lach mal – mir ins Ohr!

Ihr schwarzes Haar erschauert ganz.
Zwei Menschen wanken; es stockt ihr Tanz.

5.

Hitze schwingt. Ein Raum voll Schlangen
strömt durch Glas und Gitterstangen
Dunst; zwei Menschen stehn davor.
Die gesättigten Gewürme hängen
still in buntverflochtnen Strängen;
einem Manne haucht ein Weib ins Ohr:

Du, die Schlangen muss ich lieben.
Fühlst du die verhaltne Kraft,
wenn sie langsam sich verschieben?
Eine Schlange möcht ich mir wohl zähmen;
möcht ihr nit ein Gliedche lähmen,
wenn ihr Hals vor Zorn sich strafft.
Eh sie noch vermag zu fauchen,
werden ihre Augen nächtig –
Sterne tauchen
wie aus Brunnenlöchern auf –
setz' ich ein Rubinenkrönche
auf ihr Stirnche: still, mei Söhnche,

züngle, Jüngle – Ringle, lauf,
spiel mit mir! – Du, Das war prächtig.

Hitze schwingt. In gleichen Zwischenräumen
tippt ihr Finger an die Scheibe;
ihre Augen stehn in Träumen.
Während sich zwei Vipern bäumen,
sagt ein Mann zu einem Weibe:

Du mit deinem egyptischen Blick,
bist du so wie die dadrinnen?
Noch, du, kann ich dir entrinnen!
Daraus knüpft man sein Geschick,
was und wie man hasst und liebt.
Komm: wir wollen uns besinnen,
dass es Tiere in uns gibt!

Hitze schwingt. Zwei Augen wühlen
brandbraun in zwei grauen kühlen;
doch die stählt ein blauer Bann.
Und zwei Seelen sehn sich funkelnd an.

6.

Durch stille Dämmrung strahlt ein Weihnachtsbaum.
Zwei Menschen sitzen Hand in Hand und schweigen.
Die Lichter züngeln auf den heiligen Zweigen.
Ein Mann erhebt sich, wie im Traum;

Ich kann zu keinem Gott mehr beten
als dem in dein-und-meiner Brust;
und an die Gottsucht der Propheten
denk ich mit Schrecken statt mit Lust.
Es war nicht Gott, womit sie nächtlich rangen;

es war das Tier in ihnen; qualbefangen
erlag's dem ringenden Menschengeist!
O Weihnachtsbaum – oh wie sein Schimmer,
sein paradiesisches Geflimmer
gen Himmel züngelnd voller Schlänglein gleißt –
wer kann noch ernst zum Christkind beten
und hört nicht tiefauf den Propheten,
indes sein Mund die Kindlein preist,
zu sich und seiner Schlange sprechen:
du wirst mir in die Ferse stechen,
ich werde dir den Kopf zertreten!

Ein Weib erhebt sich. Ihre Haut
schillert braun von Sommersprossen;
ihr Stirngeäder schwillt und blaut.
Sie spricht, von goldnem Glanz umflossen:

Ich denk nit nach um die Legenden,
die unsern Geist vieldeutig blenden,
ich freu mich nur, wie schön sie sind.
»Uns ist geboren heut ein Kind«
das klingt mir so durch meine dunkelsten Gründe,
durch die zum Glück, dank einer Ahnensünde,
auch etwas Blut vom König David rinnt,
dass ich mich kaum vor Stolz und Wonne fasse
und deine Schlangenfabeln beinah hasse!

Er lächelt eigen; sie sieht es nicht.
Ein Lied erhebt sich, fern, aus dunkler Gasse.
Zwei Menschen lauschen – dem Lied, dem Licht.

7

Kaminfeuer und blauer Tag
liebkosen ein hohes Damengemach,
die Wärme scheint schier frühlingshell;
zwei Menschen ruhn auf einem Eisbärfell.
Der Mann bestarrt die meergrün seidnen Wände,
das Weib fasst zärtlich seine Hände:

Quälst dich schon wieder mit Alltagssachen?
Lukas! mein Traumprinz! sollst doch lachen!
Sollst uns mit Märchennamen taufen;
nit so hinterm Leben herlaufen,
nit so hässlich auf deiner Hut sein.
Weißt? wenn du lachst, Lux, muss alle Welt dir gut sein.

Er lacht und küsst die schmeichelnden Fingerspitzen,
fährt durch den dunkeln Haarbusch sich,
und seine grauen Augen blitzen:

Ja – wenn ich traurig bin, hass'ich mich;
dann wird wohl auch die Welt mich hassen.
Jetzt aber will ich dich beim Worte fassen,
Lea: sehr eigen tauf' ich dich.
Es tut nicht not, dass man dem Alltag trotzt;
es gibt kein Wort, das nicht von Märchen strotzt.
Drum bleibe nur das Wunder, das du bist,
und ich bin Lukas dein Evangelist.
Du bist die Fürstin Isabella Lea,
die Löwin und die Gottbeschwörerin;
aus deiner schwarzen Mähne, mea Dea,
lauscht Mutter Isis, Mutter Gäa

zum Lichtbringer Osiris hin.
Denn hier thront Lukas Luchs, dein Sekretär,
das dunkle Raubtier mit den hellen Lichtern,
der Große Geist-Luchs der Indianermär,
verhasst wie Lucifer den Blassgesichtern.
So tauf' und krön' ich dich mit neuem Sinn:
komm, meine große Geistbeschwörerin!

Er schlägt das weiße Fell um sie und sich.
Zwei Menschen freun sich königlich.

8.

Silvesternacht. Viel Glocken läuten.
Fern graut die Großstadt her. Zwei Menschen sehn
den Dunst des Horizontes leuchten
und drüber die Millionen Sterne stehn.
Zwangvoll, um ein Weib nicht zu berühren,
lehnt ein Mann auf eisernem Balkone,
sagt mit trunknem, heiserm Ton,
während im Hause Gläser klirren:

Dort schläft im Dunst mein Eheweib,
und Du – besiehst mit mir die Sterne.
Und hinter uns trinkt Jemand Haut-Sauternes,
dem du gehörst mit deinem Leib,
mit deinem hoffnungsvollen Leib.
Himmel, Himmel, o könnt ich blind sein!
Lea! blind sein! noch einmal Kind sein!
Oh, du kennst wohl nicht dies Grauen:
klar und kalt wie Gott durchschauen:
nur aus Leid ist Glück zu bauen.

14

Alles Leid ist Einsamkeit,
alles Glück Gemeinsamkeit –

Er stockt. Die Glocken rings verstummen;
es ist, als ob die Sterne summen.
Die Stirn erhebend sagt ein schwangres Weib:

Nur mir, nur Gott gehört mein Leib.
Mir steht ein andrer Himmel offen,
als ihn die Leidenden ermessen.
Hast du dein eignes Wort vergessen:
Gott ist der Mensch, auf den wir hoffen?!
Uns ging kein Paradies verloren,
es wird erst von uns selbst geboren.
Schon reift in manchem Schoß auf Erden
ein neuer Menschensohn – der sagt:
so ihr das Himmelreich nicht in euch tragt,
könnt ihr nicht wie die Kindlein werden!

Es glitzern die Millionen Sterne;
zwei Menschen schauen in die Ferne.

9.

Ein Zimmer schwimmt voll Zigarettenduft,
zwei Menschen hauchen Ringe in die Luft.
Nun blickt ein Weib, aufatmend, einen Mann
verstohlen an –
seine offne Stirn, den kurzgehaltnen Bart,
den Mund von träumerisch verschlossener Art,
Hiebnarben neben den heftigen Nüstern –
und fängt wie unwillkürlich an zu flüstern:

Diese Nacht war furchtbar. Ich konnt nit schlafen:
mich quälten die unausgesprochen Dinge.
Es war halb Traum halb Höllenstrafe.
Wie auf der Jagd – als stäke mein Hals in Schlingen;
fern stand mein Gatte und schrie hetz-hetz!
Plötzlich ein Ruck: es war, als klinge
das Telefon am Kopfend' meines Betts,
als wolle die Frau mich Grauenhaftes fragen,
die du – oh Lux: nit wahr? ich glaub,
Dir kann ich Alles, Alles sagen;
o furchtbar, sich mit Heimlichkeiten tragen!
Nit, du? – Du! Lukas! – Bist du taub?!

Schweigen. Ihre Augen schauen
nachtbraun seine morgengrauen
durch den Rauch verschleiert an.
Sacht die Lider schließend sagt ein Mann:

Früher konnt ich schwer mit Leuten reden;
Jetzt sprech ich mit dem Fremdesten gern.
Es geht ein Band von dir durch mich zu Jedem,
als wenn wir Alle Engel wär'n.
Und doch: wer darf uns Teufeln trauen!
Schon Eva hat zu klar erkannt:
das Unerkannte ist es, was uns bannt.
Denn eine tiefe Wollust schläft im Grauen.

Sie lächelt eigen; er sieht es nicht.
Sie hauchen wieder Ringe in die Luft.
Das Zimmer schwimmt voll Zigarettenduft.
Zwei Menschen horchen, was ihr Innres spricht.

10.

Trüber Tag und dunkle Ahnenbilder,
blinde Spiegel, rostige Wappenschilder;
und hohe Aktenwände. Und inmitten
sitzen zwei Menschen mit seltsam kalten
Anstandsmienen da und halten
Konferenz mit einem dritten.
Dieser blickt korrekt gekleidet
und gelangweilt in die Welt,
während er verbindlichst leidet,
dass ein Mann ihm folgenden Vortrag hält:

Hoheit, ich fand in den Archivpapieren,
die ich die Ehre habe zu registrieren,
gewisse halb politische Dokumente,
die Mancher arg missbrauchen könnte.
Hoheit wissen, die Welt steckt heute
voll explosibler Elemente;
und da in Fürstenhäusern manchmal Leute
antichambrieren,
die Andern in die Karten schauen,
möchte ich lieber meinen Dienst quittieren,
wenn Hoheit mir nicht voll und ganz vertrauen.

Hoheit räuspert sich und blickt voll Schonung
und gelangweilt in die Welt.
Da sich hierauf alles still verhält,
sagt ein Weib mit seltsamer Betonung:

Herr Doktor, wir danken voll Verständnis.
Und, um Vertrauen mit Vertrauen zu ehren:

Hoheit mein Gatte huldigt der Erkenntnis:
dem Lauf der Welt kann Niemand wehren.
Ihr rascher Abschied träfe uns empfindlich;
ein Archivar von gleichen Qualitäten
scheint mir zur Zeit ganz unauffindlich.
Sie sind, Herr Doktor, voll und ganz von nöten.

Sie neigt das Haupt seltsam verbindlich;
Hoheit verneigt sich, wie es Brauch.
Zwei Menschen lächeln; der dritte auch.

11.

Wolken flattern groß um den Mond;
als ob in staubenden goldbraunen Lappen
eine mächtige Zauberspinne thront.
Die Schritte zweier Menschen tappen
durch eine schattenflackernde Gasse.
Ein Weib sagt mit entzücktem Hasse:

Mein Herz darf Freiheit von diesem Menschen verlangen,
der nichts als meine Mitgift hat gefreit,
und der nichts liebt als ein alt Krongeschmeid,
das Einzige, was Ich von ihm empfangen.
Es ist sehr schön – ein Nest von blinden Schlangen
mit rauchtopasenen Stirn- und Rückenflächen;
draus äugt, wie jetzt der Mond durchs Dunkel,
ein großer bläulicher Karfunkel –
den möcht ich ihm, Das würde mich rächen,
über der Wiege meines Kinds zerbrechen!

Wolken wählen schwer um den Mond;
als ob durch silbergraue Schollen

mächtige Maulwürfe dringen wollen.
Ein Mann entgegnet, sehr betonend:

Was du von ihm empfangen hast,
ist meiner Seele keine Last;
auch nicht das Kind von seinem Blut!
Aber ich hab ein unabwälzbares Grauen
vor den Gelüsten schwangrer Frauen;
die sind der Seele blindeste Brut.
Vergleich mir nicht den Reiz von toten Steinen
mit dem belebenden Licht, dem reinen;
dass du jetzt arm bist, leite dich hinauf!
Was buhlst du mit Topasen und Karfunkeln –
sei reicher –: hebe deine dunkeln
Augen mit mir zum Himmel auf!

Er staunt: sie steht jäh still im Schreiten;
in ihren Augen und Mundwinkeln streiten
Auflehnung, Pein, Verwundrung, Glück, Ermatten.
Zwei Menschen werfen Einen Schatten.

12.

Kälte glänzt auf den Feldern.
Arm in Arm, Hand in Hand
sehen zwei Menschen aus fernen Wäldern
über das starrgefrorne Land
die Sonne steigen. Ein Mann bricht das Schweigen:

Und wärst du arm wie jetzt die nackte Natur,
und wär ich jeder andern Empfindung bar
und spürte nur
den rauhen Maiduft aus deinem Haar,

der wie das Moos und Kienharz-Schwelicht
meiner Heimatwälder mich beseligt,
es wär mir Inhalt genug vom Leben:
du hast mir den ewigen Frühling gegeben.
Du bist mir blutlieb! – blick nicht so kalt
auf deinen Fuß, der meinem gleicht!
Was tust du stolz, wenn mit Gewalt
meine Seele sich deiner neigt?!
Komm, sei mein Leichtfuß! komm dort auf den Hügel,
wo die zwei Rehe im Sonnenglanz ruhn;
ich geh in deinen, du gehst in meinen Schuhn,
und wenn wir wollen, haben wir Flügel!

Das Weib blickt nach den scheuen Tieren.
Dann weicht ein starrer Zug von ihren Lippen,
als gebe sie etwas preis:

Ja? tu ich kalt? – Ja: kalt wie Eis,
eh's sacht zerschmilzt in warmer Menschenhand,
dass sie heiß wird wie Feuerbrand!
Ja –: Kalt oder heiß! nur nit lau!
schwarz oder weiß! nur nit grau!
das ist der Wahlspruch einer »armen« Frau.

Sie lacht; es klingt ihm hell wie Scherz
und grell wie Schmerz im Sonnenscheine.
Sie legt die Hand, groß wie die seine,
aus seinem Arm fest auf ihr Herz.
Zwei Menschen kämen gern ins Reine.

13.

Der Tag hat aufgehört zu schnein.
Der graue Eichwald reckt sich weiß belastet,
von einem letzten Licht betastet.
Zwei Menschen waten querforstein.
Tief Atem schöpfend sagt ein Weib und rastet:

Ich bad' so gern durch frischen Schnee,
durch den noch Keiner gegangen ist.
Wenn ich die reine Spur dann seh,
die wie vom Himmel gefallen ist,
dann kommt mein Pfad mir her aus einem Garten,
wo ich als Kind in einer Schneenacht stand,
weil ich den lieben Tag nit konnt erwarten,
der mir zurückgab mein hell Heimatland,
wo Wald und Berg und Tal nach allen Seiten
in hundert lachenden Linien sich verzweigt,
wo in die leuchtenden Ewigkeiten
Rebhügel über Hügel steigt,
und all die Höhen, die blauen, verflicht in Eins
die tiefe grüne Schlucht des Rheins!
Hier aber – – Sie erschauert, schweigt,

ein Mann spricht wie voll jungen Weins:

Hier graut im Schnee mein ernstes märkisches Land,
dies Land, in dem sich Russlands Steppen
schwer zu Deutschlands Bergen hinschleppen.
O! aber sieh's erst im Sommergewand,
wie's dann drin summt und hummelt und tummelt und tut,
wenn hoch im Abendsonnenbrand

der alten Kiefern verschämte Glut
sich aufreckt aus der Versunkenheit.
Dann atmen die Wiesen Unendlichkeit.
Dann blaut hinter den Bäumen her ein Duft
wie fernes Meer aus tiefer Kluft.
Dann ins Unabsehbare sieh ihn ziehn:
in hundert Windungen, himmelhell, den Rhin!

Er glüht, sie strahlt, küsst seine Hand;
zwei Menschen danken ihrem Vaterland.

14.

Die Sonne scheint in einen Blumenladen,
durch den ein Flor von Orchideeen schwillt;
ein Eishauch klärt die Stadt. Zwei Menschen baden
sich in dem Duft, der durch die Scheiben quillt.
Bunt lechzen Schoß an Schoß die fleckigen Blüten.
Ein Mann bekennt aus schwerem Brüten:

Sonst graute mir vor schwangern Frauen,
als wär ich einer Verwachsnen begegnet;
Dich kann ich wie die Blumen beschauen
und fühle wirklich, du bist »gesegnet«.
Meine Vaterschaft war mir Zufallsmache,
alle Vaterliebe Gewohnheitssache –
Jetzt möcht'ich beten: o wäre dein Kind von Mir!
Und doch: auf diese reine Begier,
Lea, aus der ich eben erwache,
fällt mir das schamlose Blühen hier
wie eine Befleckung: ich verübe
nur Tierisches – das ist das Trübe.

Er will die Straße weiter, wie duftbeklommen;
er fühlt sich heimlich beim Arm genommen,
tief wird das Weib gegrüßt von irgendwer
Sie nickt kalt, lächelt angenehm.
Dann folgt sie ihm, wie zu sich selbst gekommen:

Vergleich dies Glück dem tierischen nicht!
Einst meint'ich zu sterben am Ekel der Begattung,
und ich begriff das Wort »Beschattung« –
Jetzt leb'ich wie die Pflanze dem Licht:
mit einer Sehnsucht, Lukas, wie eine Blinde!
Ich muss dir ja dies Fleisch und Blut noch wehren;
aber würdest du's nicht begehren,
ich würde verkümmern, glaub'ich, samt meinem Kinde.
Was ist da trüb? Ich seh nit, was!
Wir leben, wir lieben – wie klar ist das!

Sie muss von neuem grüßen: Herren zu Pferde.
Die lächeln mit galanter Geberde.
Zwei Menschen blicken auf die kalte Erde.

15.

Es wird dunkler; immer heller blitzen
durch die Asche im Kamin die Kohlen.
Am Klavier, an dem zwei Menschen sitzen,
stockt ein halbverhaltnes Atemholen.
Eine Wiegenweise bannt noch beide;
aber endlich lacht das Weib und spricht,
blau umrauscht vom Mutterhoffnungskleide:

Du machst schon wieder dein russisch Gesicht.
Was hast denn wieder Graues zu schleppen?

Kannst denn nit auch mal aufglühn wie deine Steppen,
eh der Regen vom Himmel bricht?!
Du sollst ja all mein, all mein Labsal noch schlürfen,
darfst doch schon kosten, und sollst es dürfen;
meine Kniee nehmen, die Schönheitsflecken
auf meinen braunen Brüsten entdecken,
meinem Mund, meinem Schoß deine Notdurft stammeln,
all mein Schmachten auf Deine Lippe sammeln –
Ja fühlst denn nit, einfältiger Mann,
wie vielfältig man küssen kann?!

Halblaut greift sie Töne; sie hüpfen wie Bälle.
Es wird dunkler; eine breite Welle
Glut erlischt in seinem Bart.
Und er sagt unsäglich zart:

Du machst schon wieder zu deinen hellen Terzen
Augen, die so verwirrend schimmern
wie Spinnwebnetze in finstern Zimmern,
wenn ein paar Streifchen Licht drauf fielen.
Ich ließ dich spinnen und weben von Herzen;
nun willst du Fliege mit mir spielen.
So spiel denn! spiele, Spinnchen – und lerne fliegen:
ich nehme dich mit: komm, Herz: ich weiß ein Land,
wo wir den Blick des Kindes wiederkriegen,
der gläubig eine Kachelofenwand,
auf die der Schein des Nacht-Öllämpchens fällt,
für einen Himmel voller Sterne hält!

Und zwei Menschen vergessen die Welt.

16.

Zwischen zwei Rappen jachtert ein Schimmel.
Sonne glitzert auf Schneestaubgewimmel:
ein Schlitten stiebt mit zwei Menschen dahin.
Schwarz funkeln die Schellen der silbernen Bügel.
Ein Weib schwingt die Peitsche, der Mann führt die Zügel.
Jetzt reckt er das Kinn:

Lea! seit meinen Jugendjahren
bin ich nicht so im Fluge gefahren,
so rasend noch nie.
Aber noch rasender war's gestern Morgen,
als ich im Sturm deinen Namen schrie
und, als wäre mein Gott drin verborgen,
mit ihm rang um dich, Knie an Knie:
schleife mich, Sturmgott, um die Erde,
sei sie unrein, sei sie rein!
gönne mir nur kein Glück am Herde,
hingerissen will ich sein!
Sage mir – Du! ich frage dich: schreit
Dein Gott auch so Meinen Namen?
Peitscht dich der Schnee auch wie Frühlingssamen?
Kennst du den Wahnsinn dieser Seligkeit?!

Er reißt ihr die Peitsche weg; die Rappen schäumen schon.
Die Zügel schlackern; die Bügel bäumen schon.
Das Weib umschlingt ihn fallbereit:

Nenn's nicht Wahnsinn, nenn's lieber Ahnsinn!
Lukas: ich hab in manchen furchtbaren Wochen
dagelegen wie zerbrochen

25

und wusste doch: ich will, muss, willmuss fliegen!
Ja, Lux: rase! lass brechen, lass biegen!
Mir wiegt ein Gefühl der Erleuchtung die Brüste,
als ob es die Sonne blindmachen müsste!
Und wenn mir der Schneestaub die Augen zerstäche,
und wenn mir dein Sturmgott den Atem bräche,
ich lasse mich wiegen, du – wiegen – wiegen –

Sie starrt verzückt in das wilde Gewimmel.
Zwei Menschen glauben sich im Himmel.

17.

Ampelschatten hüllt vier bebende Lippen.
Der Park wankt, als wühlten Geister drin;
Nachtsturm reißt an den Fensterrippen.
Die dunkeln Lebensbäume schwippen
tief zur verschneiten Erde hin.
Die bebenden Lippen atmen so schwer,
wie Menschen atmen, um nicht zu stöhnen.
Dumpf horcht der Mann nach den heulenden Tönen,
die bald aufhimmeln, bald tierisch röcheln.
Er presst die Adern auf seinen Knöcheln.
das Weib, stumm wie er,
ist ihm zu Füßen vom Divan gesunken;
sie ringt die Finger auf seinen Knien.
Ihre schwangern Hüften umschauern ihn.
Sie stammelt trunken:

So komm doch! nimm mich doch! trag mich weg!
ich will ja blindlings Alles dir geben!
Und wenn's mich umbringt hier auf dem Fleck,

ich will ja mein eigen Blut hergeben!
Nur schau nicht so grauenhaft tot ins Leben!

Sie klammert sich hoch an seinen Armen
an seine Brust; die hämmert zum Sturmerbarmen.
Er stöhnt. Sie schüttelt ihn: komm! Sie hört
ihn betteln: ja komm! Sie liegt emporgerissen
auf seinen entbreiteten Fäusten mit schwebenden Füßen,
und –: verstört
holen zwei Augen ihr aus den Eingeweiden
eine Nacht von Entsetzen und Weh:

Geh – keucht er – geh!
Dein – sein Kind regt sich zwischen uns beiden!

Er reißt sie an sich, reißt sich los;
der Sturm heult wahre Trauer-Oden.
Komm! ringen vier Hände Schoß an Schoß.
Geh! recken zwei Arme riesengroß
sich zum Stoß.
Zwei Menschen winden sich am Boden.

18.

In das Geräusch eines Bierlokals,
in das Rauschen großstädtischen Straßenskandals
mischt sich wie Kettengerassel ein Ton.
Elektrisches Glühlicht kämpft in den Ecken
mit blassem Taglicht und Schattenflecken.
Ein Mann spricht horchend durchs Telefon:

Lea! – Hörst du? – Was ist geschehn?
Gestern Abend – hörst du? – es war eben zehn;
dein Brief aus deinen großen Schmerzen

lag mir wie Albdruck auf dem Herzen –
Auf Einmal: ich wagte kein Glied zu regen,
so hatt'ich die Angst des Unterliegens –
auf einmal kann ich mich frei bewegen;
mich hebt ein Gefühl vollkommenen Fliegens
wie über ein Ufer, über ein Meer –
Sag; hat meine Seele hellgesehen?
bist du erlöst von deinen Wehen?
Sprich doch! Was atmest du so schwer?!

Er horcht. Durch das Geräusch des Lokals,
durch das Rauschen des Straßenskandals,
durch eine Stille hohlsausend und leer
kommt eines Weibes Stimme her:

Deine Seele hat hellgesehen:
ich bin erlöst von meinen Wehen:
mir lebt ein Kind.
Es liegt wie Albdruck auf meinem Herzen.
Es sieht nicht meine großen Schmerzen.
Es – ist – blind –

In das Rauschen des Straßenskandals,
in die Geräusche des Bierlokals
mischt sich wie Kettengerassel ein Ton;
ein Mann verlässt das Telefon.
Er hört im Hintergrund einen Herrn
»Kellner, mehr Licht auf Erden!« schrein,
und ein Gelächter hinterdrein.
Zwei Menschen sind einander fern.

19.

Mondlicht greift durch bleiche Gardinen,
legt Flecke auf ein Himmelbette;
zwei Menschen sehn's mit bleichen Mienen.
Sehn die Flecke in schleichender Kette
grell ein Kind, das schläft, umkränzen;
es schläft mit offnen Augenlidern.
Die stillen Augensterne glänzen;
glänzen weiß wie blindes Eis.
Ein Weib schluchzt auf mit allen Gliedern.
Wie aus einem Abgrund gerissen
starrt ihr schwarzes Haar aus den Kissen,
haucht sie heiß:

Mir lebt dies Kind, und nicht von Dir;
ich lieg' in Dankbarkeit vor dir.
Ich lag bis heute wie unter Steinen,
wie unter einer Sticklast Schnee;
du bist gekommen, nun kann ich weinen.
Jetzt aber – geh!
Ich will vor dir kein Klagweib sein;
lass mich, solang' ich lieg', allein.

Der bleiche Mann im Vollmondlicht
neigt sein unbewegtes Gesicht.
Sein Blick weilt wie in weiten Fernen
auf den blinden Augensternen.
Und er spricht:

Das Kind, das du geboren hast,
sei deiner Seele keine Last:

sieh, wie sein Schlaf das Helle trinkt!
Es scheint ein Licht durch unsre Welt zu wehen,
das alles andere, gröbere Licht beschwingt;
in ihm wird dieses Kind aufgehen.
Es wird die irdische Qual nicht sehen.
Wir werden's leiten wie auf Wolkenauen.
Es wird das innere Weltlicht schauen.

Er küsst sie, geht – sein Schatten streift das Kind;
zwei Menschen sehn, dass sie auf Erden sind.

20.

Eisblumen und Hyazinthenduft
ringen mit warmer Zimmerluft;
weiße Seide umbauscht ein braunes Weib.
Ein Mann sieht ihren genesenen Leib
auf weichsten indischen Kissen ruhn;
ihr Goldbrokatschuh streift den Boden.
Er steht in blauen Segeltuchschuhn,
seine Radfahrjacke von graugrünem Loden
zuknöpfend, einen Brief in Händen,
und fragt, indem er drin Kniffe zieht:

Willst du dir auch die Augen blenden,
weil du ein Kind hast, das nicht sieht?!
Ich soll mit dir »ins Weite gehen«?
Was gehn heißt, wirst du bald verstehen,
wenn du mit deinen zarten Zehen
erst barfuß für uns betteln musst!
ich glaube, da würde dir die Luft
zur blinden Liebe sehr schnell vergehen.
Einst, ja, da nahm ich Kredit aufs Leben

und schlug die Schulden in den Wind;
aber als Vater lernt man eben,
was wir dem Dasein schuldig sind.
Das träumt nicht wie die grünen Seelen,
die sich vorm Leben ins Blaue stehlen,
bis die ergraute Welt sich rächt.
Und klein beigeben mit großem Munde:
dann gehn wir an uns selbst zu Grunde –
nit, Lea? das steht Uns Beiden schlecht!

Er legt ihren Brief sehr zart auf ihr Knie;
sie wiegt ihren Goldschuh. Dann antwortet sie;

Du hast sehr blaue Schuh an, sehr blaue!
du kommst wohl von einer – Wolkenaue?!
Aber ich dank dir; du sprachst sehr klar.
Ja ja: man träumt oft wunderbar!

Ihr Goldschuh zieht im Teppich einen Strich.
Zwei Menschen lächeln bitterlich.

21.

Nur an den Eichen bebt noch braunes Laub,
es bebt im Wind; und wenn die Spechte klettern,
dann weht der Schnee wie Kieselstaub
und knistert in den abgefallnen Blättern.
Zwei Menschen sehn im Park den Abend zaudern.
Ein Weib bezwingt ein leises Schaudern:

Heut hat ein Mensch mir leidgetan,
der sonst mein Weichstes zur Erstarrung brachte.
Er hat mir nie ein Leid getan
seit jener Nacht, die mich zur Mutter machte;

er ist fast stumpfer als ein Scherben.
Heut aber, vor dem blinden Leibeserben,
vergaß er selbst sein gnädiges Stottern;
er saß nur da und ließ sich schlottern.
Ich musst ihn immerfort betrachten,
ihn halb bedauern, halb verachten.

Der Mann an ihrer Seite nickt;
er sieht im kahlen Park den Abend dämmern,
er hört im hohlen Holz die Spechte hämmern.
Er sagt, indem er einen Zweig zerknickt:

Ich fühle jeden Tag mein Herz in Nöten,
wenn eine Frau sich mit Erröten,
und wie zur Abwehr blass und zart doch,
samt unserm Töchterchen an mich drängt,
während vielleicht in meinem Bart noch
der Hauch von deinen Küssen hängt.
Ich kann sie nicht so flach bedauern;
ich würde lieber mit ihr trauern,
könnt ich wie sie mich sanft und klug besiegen
und leidenswillig den Nacken biegen.
Jawohl, wir sind von härterem Holz;
von Eichen bricht man keine Gerten.
Drum wolln wir nicht noch selber uns verhärten;
denn dass wir Mitleid schenken, macht uns stolz.

Er horcht: ein Rauschen stört das Spechtgekletter:
zwei Menschen gehn durch abgefallne Blätter.

22.

Die Nacht am Horizont gähnt Strahlen,
als wolle der Himmel die Erde verzehren
oder ein neues Gestirn gebären;
zwei Menschen sehn ein Nordlicht prahlen.
Sie stehn auf eisernem Balkone;
sie sehn den Glanz elektrisch zucken,
sich auf und ab ins Dunkel ducken.
Ein Mann sagt schmeichelnd, sagt mit Hohn:

Das, Fürstin, scheint mir recht ein Thron
für deinen neuen Menschensohn.
Ich möcht ganz lange Arme haben;
dann setzt'ich dich mit deinem blinden Knaben
dort auf die herrlichste Flackersträhne.
Ich seh ihn, wie er deine Mähne
schwarzstrahlig durch den Weltraum spannt,
hoch über allen Sinn und Verstand.
Du hast doch gar zu wüstes Haar;
für eine Mutter sonderbar!

Dem Weib zucken die Augenbrauen;
wo die schwarzen Bogen sich spalten,
zittern zwei kleine quere Falten,
wie ein zerbrochenes Kreuz zu schauen.
Sie sagt verhalten:

Du zielst fehl auf mein Mutterherz,
Dir lacht es selbst beim bittersten Scherz.
Ich gebe Nichts an mein Kind verloren.
Ich fühle nicht: dies Kind ist Mein.

Ich fühl: ich hab einen Menschen geboren
zu seiner eigenen Lust und Pein!
Ich geb ihm meinen Glückwunsch bloß!
und trage noch manchen Wunsch im Schoß!
Weib sein ist doch das herrlichste Los!

Ihr dunkler Blick hat sich gefeuchtet.
Der Mann streicht ihr wild Haar versonnen
glatt wie zum Scheitel der Madonnen.
Zwei Menschen sehn die Nacht erleuchtet.

23.

Kaminfeuer und Morgenrotschimmer
schmücken ein hohes Damenzimmer.
Ein Weib erhebt aus meergrüner Seide
ihre nackten Arme beide
vor einem Mann breit in die Luft
und lacht, umschwebt von Mandelduft:

Ich glaub, ich bin noch immer schön;
mein Kind hat mir nichts weggenommen.
Und hättst mich eben baden sehn,
du wärst mit mir gen Himmel geschwommen!
Was stehst denn wieder wie im Schlaf?
Oh Lux, was bist du für ein – Schaf!

Er lächelt eigen, sie merkt es nicht;
er senkt, scheinbar grübelnd, sein scharfes Gesicht
Sein Fuß streichelt ein Eisbärfell.
Er fragt halbhell:

Schönheit? – das ist mir nichts als Hülle
um irgendeine Liebreizfülle.

Der Reiz zur Liebe und zum Leben,
wenn den die Reize einer Gestalt
mir wie aus Eigner Seele eingeben,
dann bin ich – schön in ihrer Gewalt;
sonst sind sie angeflogne Schäume,
Nachwehen toter Künstlerträume.
Du würdest ja Raffael nicht entzücken;
du bist zu kriegrisch ins Kraut geschossen.
Deine dunkle Haut ist voll Sommersprossen.
Dein Pferdshaar, dein herrischer Nasenrücken
taugen zu keiner klassischen Ode;
und dein klassisch Kinn ist garnit mehr Mode.
Aber – jetzt will ich die Augen zudrücken,
will nichts mehr fühlen als deinen Bann,
nichts küssen als deine Wildkatzenstirne;
und wärst du die durchtriebenste Dirne,
du wirst mir eine Heilige dann –

Prüfend blicken zwei Seelen einander an.

24.

Die hohen Kiefern können noch nicht rauschen;
sie schweigen schneebedrückt. Zwei Menschen lauschen,
wenn manchmal durch den schwerbeladnen Wald
das Eis der fernen Seeen knallt.
Dann scheinen tiefer noch gesenkt
die dunkeln, weißgesäumten Äste,
um die das Frühlicht machtlos hängt.
Ein Mann spricht mit ergriffner Geste:

Das ist wie eine Versammlung von Greisen
um ein fremdes Täuflingsbette.

Keiner rührt mit seinen weisen
Händen an die Schicksalskette.
Sie lassen stumm das Unverwandte
zwischen ihren Seelen schweben.
Sie segnen fromm das Unbekannte:
es wehrt dem Überdruss am Leben.
Sie schenken jedem Morgengrauen
ohne Anspruch ihr Vertrauen.

Durch den schwer beladenen Wald
geht auf einmal ein Schattenwanken;
von den Zweigen, die noch schwanken,
fällt der Schnee, zu Schlacken geballt.
Über ein Weib kommt ein Gedanke:

Lukas, du sollst dich nicht verstellen!
Wenn unter diesen starren Bäumen,
so oft der Eisschreck draußen schallt,
Echos wie aus schweren Träumen
in mein warmes Leben kalt
diesen Todesschauer bellen,
dass wir unser Glück versäumen –
dann sollst du nicht mit solchen ausgedachten
Bildern mich zu prüfen trachten,
dann sollst du mit mir fühlen und denken:
wir wollen Nichts und Nichts dem Schicksal schenken!

Die hohen Kiefern können noch nicht rauschen.
Zwei Menschen scheinen auf ihr Herz zu lauschen.

25.

Jeder Hauch stockt. Auf den Mooren
steht der Nebel wie angefroren,
ob auch fern der Himmel loht;
zwei Menschen schaun ins Abendrot.
Einsam hebt ein Birkenstämmchen
Aus dem bleichen Rauch sein Reisig;
in der Spitze zaudert eisig
noch ein Blättchen wie ein Flämmchen.
Und ein Weib bemerkt verloren:

Das steht nun da wie'n Waisenkind,
das weder Vater noch Mutter kennt,
von aller Heimat abgetrennt;
Stiefmutter Sonne stellt sich blind.
Und ob auch fern der Himmel brennt,
es sehnt sich nicht, es rührt sich kaum,
leidlos wie der Geist im Raum.

Jeder Hauch stockt, sie erschrickt:
von dem kahlen Birkenstämmchen
ist das letzte Blatt geknickt.
Zaudernd sinkt das fahle Flämmchen
in das rauchverhüllte Land.
Und ein Mann hebt Haupt und Hand:

Lea, du sollst dich nicht verstecken!
Ich seh aus deinem tiefen Schrecken,
wie dich der leere Raum bedrückt.
So will's der Geist; wenn nur drei Birken
das Grauen der Unendlichkeit bezirken,

dann ist das Auge schon beglückt.
Er will und kann nicht einsam sein:
er lebt davon, sich umzuschauen.
Drum sinne nicht zuviel in dich hinein!
Denn eine tiefe Unlust schläft im Grauen.

Jeder Hauch stockt. Rot und stumm
starrt der Himmel wie eingefroren
durch den Nebel aus den Mooren.
Zwei Menschen kehren langsam um.

26.

Über altersgrauen offnen Folianten,
zwischen Schränken mit verstaubten Kanten,
rostigen Waffen, bunten Wappenschildern,
blinden Spiegeln, dunkeln Ahnenbildern,
hängt ein goldner Streifen Licht.
Sonnenstäubchen schweifen dicht
um das Schnitzwerk hoher Stühle;
kommen noch dichter ins Gewühle,
denn ein Mann berührt ein Weib und spricht:

Das hab ich mir als Kind beim Klettern
im grünen Forst nicht träumen lassen,
dass ich in diesen vergilbten Blättern
einst suchen würde Boden zu fassen.
Es ist für dich geweihter Boden,
als wär ein uralter Wipfel zu lichten;
ich seh nur tote Wurzelschichten,
kaum noch wert sie auszuroden.
Wie zur Erinnerung blüht da matt
noch manch Blaublümlein Ehrenpreis;

aber der morsche Stammbaum hat
als letzten Spross ein blindes Reis.

Er will zuklappen. Er stockt. Die Funken
der Sonnenstäubchen stieben wie trunken.
Denn das Weib umschlingt ihn leis:

Drücken dich wieder die blauen Schuh?
Was musst denn gleich so quer immer denken!
Du musst dich liebender versenken
in diese stillen Dinge, du!
Sonst drückst mir ja das Herz ganz zu;
und gelt? das willst doch offen sehn.
Ich soll mich dir doch blos gestehn!
Ich wollt auch – wollt dir längst schon sagen:
mein Kind, Lux – Nein: ich wollt dich fragen:
ich möcht dein Töchterchen mal sehn!

Sie klappt zu, hastig; es stiebt zum Blenden.
Zwei Menschen müssen den Blick abwenden.

27.

Unter taktvoll schreitenden Kostümen,
die den Rausch vergangener Zeiten rühmen,
überschaut ein Weib ein nächtlich Fest.
Weiß verschleiert Haar und Ohr und Wange,
vor der Stirn die goldne Isis-Spange,
steht sie groß in starrem Asbest.
Fast so groß wie jener Mann,
der aus dunkler Magier-Augenbinde
um sich blickt wie auf Gesinde.
Und sie naht sich ihm und rührt ihn an:

Zaubrer – du kennst die Schlange, und kennst den Drachen,
die sich am Weg der Liebe auf Erden bewachen.
Ich kenn eine Mutter in einer Not;
die streckt allnächtlich zum Tag die dunkeln Hände,
dass er ein Schicksal von ihrem Herzen abwende,
mit dem ihr blindes Kind sie bedroht.
Soll sie mit Augen der Schlange ihr Nest behüten?
soll sie den Drachen bitten, es zu bebrüten?

Hell beginnt der wimmelnde Saal zu klingen,
taktvoll lässt der Schwarm der Kostüme sich leiten,
bis sie sich rauschend zu Paaren in Kreisen schwingen,
die der Magier und das Weib umschreiten:

Göttin, ich kenne die Schlange, und kenn auch den Drachen,
die sich am Weg der Liebe gen Himmel bewachen –
und kenn eine Mutter in andern Nöten;
die würde mit ihren blassen Händen
ihr Kind, ihr sehendes, lieber noch heute töten
als je ihr Herz von ihrer Brut abwenden.
Mutter Isis, begreif deine Erde freier!
horch: dein Magier lüftet den Gäa-Schleier!
Sie träumt seit je das Ungeheuerliche,
Unwirkliche, höchst Abenteuerliche;
doch was er wirkt, der Traum, ist das Gewöhnliche,
und was er birgt, das tiefst Versöhnliche.

Er unterbricht ihr einsam Gewander;
zwei Menschen tanzen mit einander.

28.

Es schwebt ein Klingen übers Eis,
wie ferne Frühlingsstimmen leis.
Blass starrt der See. Auf blitzenden Eisen
fassen sich, fliehn sich zwei Menschen und kreisen.
Jetzt kommt der Mann in scharfem Bogen
vor das Weib herumgeflogen
und fasst sie fester und bäumt im Sprung:

Halt! – Gelt, Frau Fürstin, das war ohne Schwung:
vom Schlittschuhlaufen zum Strümpfestopfen,
vom Radfahren zum Steineklopfen,
das war doch gar zu harte Bahn?
Ja, du: ich lief durch manchen Wahn,
als mich das Jugendblut noch trieb,
mit offner Hand an jedes Herz zu stürzen,
bis mir am eignen Herd nichts übrig blieb
als wenig Fleisch mit viel Gewürzen.
Zwar, mir ist Mancher zugetan,
so in der Welt, der wohl was opfern würde,
beehrt'ich ihn mit dieser Bürde;
aber – – Er lässt sich rückwärts kreisen.

Blass starrt der See. Sie folgt. Die Eisen
blitzen schriller übers Eis.
Sicher folgt und fragt sie leis:

Und wenn's für dich nun keine Bürde wäre,
Steine für deine arme Herrin zu klopfen?
Und wenn's für mich nun eine Würde wäre,
Strümpfe für meinen reichen Herrn zu stopfen?

Und wenn ich wähnte: das ist kein Wahn,
so ganz bin ich dir zugetan –
und bin dir auch ganz aufgetan –

Sie schreit wild: Lukas! – Ein Knall, ein Sprung,
hoch hat der Mann sie an sich gerissen.
Es donnert unter ihren Füßen,
es klafft. Er bäumt mit ihr im Schwung.
Es ist nur ein ganz schmaler Spalt.
Zwei Menschen lachen, dass es schallt.

29.

Nun scheinen selbst die Blumengewinde
der indischen Kissen voll Frühlingssehnen;
am Fenster schmilzt die letzte blinde
Eisblume unter hellen Tränen.
Ein Mann sieht die barocken Ranken
mehr und mehr durchsichtig schimmern,
gleißend Gold in Silber flimmern;
er sitzt in drückenden Gedanken.
Er senkt noch tiefer Stirn und Ohr:
er hat ein Weib am Herzen liegen,
mit Augen, die zur Sonne fliegen.
Sie flüstert, glüht an ihm empor:

Und heb mich wieder so herrlich hoch,
und trag mich fort, o trag mich fort!
Und wären die Berge noch so hoch,
ich will dir folgen an jeden Ort;
ich will dir Alles, Alles hingeben!
Verkauf mein letztes bisschen Schmuck,
nimm mir mein Eigenstes, nimm mir's Leben;

nur fort, nur fort aus diesem Druck!
Und wenn wir's bis zum Bettelstab bringen,
und wenn wir verlumpen, wenn wir verdrecken,
dann wird's wohl überall noch gelingen,
eine Schachtel Zündhölzchen zu erschwingen
und den nächsten Wald in Brand zu stecken;
und selig will ich mit Dir zusammen
wie eine Hindufrau stehn und flammen!

Sie lächelt seltsam; er sieht es nicht.
Sie hebt das Haupt – sie sieht ein Gesicht
heiß von bebenden Narben zerrissen;
das starrt auf die gleißenden Fenster und Kissen
mit dem Ausdruck eines Steins,
der zerspringen will, und spricht

mühsam: Und dein Kind? – Und – meins? –

Da sinkt ihr Haupt in seinen Schoß;
zwei Menschen weinen fassungslos.

30.

Der Himmel scheint blutunterlaufen.
Fern graut die Großstadt her. Zwei Menschen sehn
die Türme hoch in dunkler Rotglut stehn;
die Stadt raucht wie ein Scheiterhaufen.
Ein Weib lehnt an der Fensterborte,
düster, wie aus Erz gebaut.
Der Glanz macht ihre braune Haut
glühender als eine Braut.
So hört sie eines Mannes Worte:

Dein Herr Gemahl? Nein: der ist nicht im Wege.
Er hat ja Augen, und kann noch welche pachten.
Und träf'er mich in seinem Gehege,
ich würd' ihn mir sehr höflich betrachten:
Hoheit, Sie dürfen mich verachten.
Sie dürfen, wenn Sie's wagen, mich töten.
Ich würde vielleicht sogar vor ihm erröten;
das ist ein Vorgang der Natur,
mein Körper ist arg tierisch. Nur:
mein Geist ist über meinen Nöten! –
Ja, Lea: begreifst du, was das heißt:
ich will getrieben sein vom Geist!?
Erst wenn der Geist von jedem Zweck genesen
und nichts mehr wissen will als seine Triebe,
dann offenbart sich ihm das weise Wesen
verliebter Torheit: die große Liebe.
Du bist noch nicht so zwecklos mein:
du willst noch mich, ich soll noch dich befrein.
Dies blinde Kind aus fremden Lenden,
es scheint uns immer zuzuschauen,
ob wir nicht sein Vertrauen schänden.
Und siehst du: Das – jawohl – das macht mir Grauen!

Er bebt; er zerrt an seinem Bart.
Das braune Weib wird bleich, wird rot.
Dann sagt sie leise, mühsam, hart:

Das Kind, vor dem dir graut, ist tot –

Zwei Menschen schweigen wie erstarrt.

31.

Der Mond bescheint ein steinernes Portal,
durch kahle Zweige eine feuchte Schwelle.
Die Zweige leuchten wie aus Stahl.
Zwei Menschen stehn in einer Grabkapelle.
Der Mond legt Schatten auf ein totes Kind,
nur seine beiden offnen Augen glänzen.
Sie glänzen wie die Blumen aus den Kränzen,
bleich und blind.
Sie glänzen bleicher als der Vollmondschein.
Ein Weib höhnt in die Nacht hinein:

Ich hatt ein Kind, und nicht von Dir,
ich steh in Freiheit neben dir;
ich bin erlöst, wenn Du, wenn Du es bist!
Ich bin die Fürstin Isabella Lea,
die auf dem Weg der Liebe gen Himmel ist –
ich, Mutter Isis, Mutter Gäa,
die willig ihre eignen Kinder frisst,
der irdischen Gerechtigkeit entrückt.
Ist nun mein Gott, mein Lucifer, beglückt??

Sie wankt; sie hat die Augen zugedrückt.
Ein Mann legt ihr die Hand auf Stirn und Haare.
Er spricht – sein Blick verschlingt die dunkle Bahre:

Das Kind, das du getötet hast,
war meiner Seele nicht die Last
auf unsrer Wallfahrt zu der Freiheit,
die Einheit schafft aus aller Zweiheit.
Aber du hast mich tief verwandelt;

du hast für mich aus einem Geist gehandelt,
der nichts mehr will als klar am Ziele ruhn –
Komm! – denn ich weiß jetzt: du kannst schweigen.
Ich habe Manches in der Welt zu tun,
Lea! und Das – nun ja, das wird sich zeigen.
Im übrigen, Madam: es wohnen
noch Krüppel genug auf Fürstenthronen!

Er küsst ihr Stirn und Augen, wie zur Weihe.
Zwei Menschen wenden sich ins Freie.

32.

Hellblauer Himmel mit weißen Streifen
lässt alle Saatfelder grüner prangen.
Und den Bäumen am Wege muss wohl ein Bangen
vor den mächtigen Rossschweifen
des Windes durch die Knospen wehen;
sie zittern. Aber zwei Menschen gehen
ruhig einen Wiesenrain hinan.
Einem Weibe erwidert ein Mann:

Mein Töchterchen? – Hm – sonderbar:
sie sagte – sie meinte wohl dein Auge und Haar –:
du siehst ganz schwarz aus, ganz schwarz und heiß,
aber inwendig seist du wohl weiß.
Nun stehst du wieder, wie zur Erstarrung geneigt.
Lea! sieh um dich! Sieh, wie alles sich ändert:
wie jeder Baum sein Wachstum klarer zeigt,
wie's lichtbegehrlich aus Spitze an Spitze spritzt.
wie er das Eine, das alle zackt und rändert,
mit eigner Perlschrift trotzig ins Freie ritzt!
Dann preist dir jedes Hälmchen im Feld

den Geist der körperlichen Welt.
Dann sagt dir jeder Lebenshauch:
wie du dich gibst, so bist du auch!

Er stutzt: Sie lächelt ins Blaue hinein.
Sie steigt still über den Wiesenrain.
Sie bricht sich einen Knospenzweig ab.
Sie hebt ihn wie einen Zauberstab:

Wenn ich nun aber nach jenen Wolken weise,
die unter der Sonne den Abendhimmel streifen,
und nun im Geist nach Morgenländern reise,
dann mögen sie noch so eigen anders schweifen,
die ganze Landschaft versichert mir:
wie du mich nimmst, so bin ich dir!

Sie stutzt: Er weist still über die Wiesen:
die sehn noch aus wie abgeweidet.
Die Wolken werfen Schatten wie Riesen.
Zwei Menschen merken, was sie scheidet.

33.

Die Lerchen jubeln, dass die Sonne scheint;
bis in den Wald herüber klingt es leise.
Hell vor sich hin erwiedert eine Meise:
ich fühl's, ich fühl's, wie lieb, wie lieb sie's meint.
Die Finken sind verstummt: ein Rappe schnaubt
und schüttelt sein Geschirr. Zwei Menschen streichen
dem edlen Tier die dampfend heißen Weichen.
Nun reckt das Weib ihr dunkles Haupt:

Als du vorhin so kerzengrad anhieltest,
fiel mir ein Traum ein, der mir gestern träumte.

Es war, als ob du fern die Laute spieltest;
ich stand am Meer, in dem die Nacht noch säumte.
Da kam, auftauchend mit dem Morgenrot,
gerudert von zwölf tiefgebückten Herren,
die Kronen trugen, ein gewaltiges Boot;
ich sah die Herren wie an Ketten zerren.
Am Steuer aber, über ihnen, frei,
stand Einer, der war nackt, und glänzte. Und –

sie stockt: der Rappe, zitternd, stampft den Grund,
sie zittert mit – sie hören auf zu streichen,
der Mann nimmt ihr das Wort vom Mund:

Und Er, der Glänzende, gab dir ein Zeichen
und kam mit seinem Lautenspiel herbei.
Und Du, du musstest ihm die Hände reichen
und folgtest ihm und seiner Melodei.
Und wenn du staunst, wieso ich alldas weiß,
dann staune auch, wieso dies Tier mitbebte,
als meine Seele so in deiner lebte,
wie seine Haut in unsrer Hand so heiß.
Und staune, Seele, was dich so beschwingt,
dass du die Meise zwitschern hörst: ich bin's!
und was dich lerchengleich zu jubeln zwingt!
und wie's dich wieder wie als Kind durchdringt,
das Glück folgsamen Eigensinns!

Die Lerchen jubeln, dass die Sonne scheint;
zwei Menschen ahnen, was sie eint.

34.

Fern in jungen Birken spielt der Wind,
scheint das scheue Frührot anzuschüren.
Von der zarten Glut umglänzt beginnt
eine Mühle sich zu rühren;
rosig schauert das grüne Feld.
Wo der altersgraue Park sich lichtet,
unweit einer Grabkapelle,
grüßt ein Weib ins Freie, Helle,
blitzt ein Stahlrad auf, blitzt und hält,
schwenkt ein Mann die Rechte, heiß hochgerichtet:

Frühling! – endlich! – wie drängt das, mitzutun!
Mir war, als müsst ich über dies Saatenmeer
mit meinen blauen Segeltuchschuhn
wie die Schwalben hin und her!
Und dann so schweben: fliegende Blicke werfen!
Wie alle Sinne sich an einander schärfen!
Man wird bis in die volle Brust
seiner Gotteskraft bewusst,
und selbst aus Grabesfinsternissen
lacht es: All Heil, Welt! dies neue Gewissen.

Funkelnd streift sein Grußblick die Kapelle.
Aber da, statt mitzugrüßen,
bebt das Weib empor, Zorntränen quellen:

Ich weiß nur Eins, und geb's auch Dir zu wissen:
mir lacht dein Weltall gar zu bunt!
mir ist mein Herz, hier dies mein Herz, zerrissen,
und wär so gern, o Gott wie gern, gesund!

Und quälte das Deinen Gott auch nur zum Teilchen
wie Mich, du küsstest dir die Lippen wund
und heiltest, heiltest mich! Ja nick nur! Und –
ach, Lukas, sieh: das erste Veilchen!

Sie steht auf einmal ganz beglückt,
dass er, entzückt, sich bückt, es pflückt,
es ihr an Herz und Lippen drückt
und wie ein Junge lacht dazu.
Zwei Menschen lassen Gott in Ruh.

35.

Durch offne Fenster, lautlos, glänzt die Nacht.
Es regt sich nur das Licht der tausend Sterne.
Und Frühlingshauch. Und dunkelblaue Ferne.
Und manchmal eine Fledermaus auf Jagd.
Und Atemzüge, unterdrückt und schwer,
voller Spannung, mehr und mehr.
Jetzt rauscht ein Seidenglanz und bricht den Bann:
ein Weib drängt sich an einen Mann:

Lukas! was liegst du wie vom Alb gedrückt,
als ob du nichts von meinem Dasein fühltest!
Meinst du, mich hat die Zukunft nicht bedrückt,
wenn du mich Tag für Tag für Tag hinhieltest?!
Und jetzt, wo dieser Druck mich fast erstickt –
Du! – Lukas?! – Wenn du – wenn du mit mir spieltest –

Sie schüttelt ihn, ihr Augenglanz wird hart;
er starrt hinein, wie vorher in die Ferne.
Und wieder regt sich nur das Licht der Sterne,
die Jagd der Fledermäuse. Und sie starrt;

sie starrt wie er – will drohn – da wirkt sein Bann:
sie zuckt, sie nickt, sie lacht ihn traumhaft an.
Und traumhaft geht sein Wort ihr zu Gemüt:

Fürstin, ich will nichts halb. Ich will dich sehn,
in ganzer Schönheit, ganzer Hässlichkeit.
Ich will vor dir, du sollst vor mir bestehn,
vom Alb der scheuen Ahnungen befreit;
ich will die nackteste Befreiung.
Wenn dann die Male deiner Mutterwehn
dich nicht dem Gott in meiner Brust verleiden
oder dem Tier in unsern Eingeweiden,
will ich nach so viel Sehnsucht und Kasteiung
nicht wie ein Nachttier mich mit dir vergehn:
ich will mit dir ins Licht der Menschlichkeit!
Sei bereit!

Er küsst sie wach; er drängt sie sanft zurück.
Sie sitzt und sinnt, wie über Raum und Zeit.
Zwei Menschen beten für ihr Glück.

36.

Und lichter als der lichte Tag im Zimmer
und immer lichter schauert ein Geflimmer
von Kerzen über helle Blumen hin.
Still schwebt um silberblau gestickte Kissen
der Duft des weißen Flieders, der Narzissen.
Und durch die Bläue, durch die Blumen hin
zittert die Luft, als ob sich Herzen rühren:
zwei Menschen stehn – noch tönen still die Türen –
mit Augen, die den Himmel nahe spüren,
entblößt bis zu den Hüften da:

ein Mann mahnt: du! – ein Weib haucht: ja.

Still sinkt ihr Arm von ihren braunen Brüsten,
die Lichter schauern immer schimmernder;
sein Blick erbebt, als ob sie lodern müssten.
Die Blumen atmen immer flimmernder.
Die Sterne an den silberblauen Wänden
erstrahlen wie in keiner Nacht so blank.
Still nestelt sie am Goldband ihrer Lenden;
sein Körper spannt sich unter innern Bränden,
wie eines Kämpfers straff und schlank.
Still schaut sie auf; er muss die Augen schließen.
Still weht ein Flor zu Boden. Er will sehn!
Er sieht nur, wie zwei Augen Licht ergießen,
zwei dunkle Augen, die ihm zugestehn
– still –
was er will.
Er will sie ganz mit seinem Blick erkennen;
er sieht sie ganz nach seinem Blick entbrennen.
Er will nichts mehr als stehn und stehn
und still in ihre Seele sehn.
Er steht und muss die Hände heben,
als blende ihn das ewige Leben;
und dunkel rauscht der Weltraum. Da

mahnt sie ihn; du – da haucht er: ja –

und alles rauscht tief innerlich.
Zwei nackte Menschen einen sich.

Zweiter Umkreis:
Die Seligkeit

Eingang:

Halt ein, halt ein – weit über jenen Gleisen,
wo man noch Höhen sieht und Tiefen;
nun sollst du erst das wahre Leben umkreisen
und sollst der Allmacht Deine Macht verbriefen.
Sieh: zwei Adler steuern, vom Sturm getrieben,
über allem Erdentrott!
Du aber bist noch Mensch geblieben:
du atmest und entatmest Gott.
Willst du nicht das Ewige selbst erreichen?
oh, dann lass auch Gott zurück!
denn es gilt, o Mensch, dein Glück
mit dem Weltglück zu vergleichen.

1

Zwei Menschen reiten durch maihellen Hain,
galopp, galopp, von Schatten zu Sonnenschein;
alle Blätter sind grüne Flammen.
Wenn der Himmel erscheint, wenn die Pferde aufschnauben,
sehn sich die Beiden mit jauchzenden Augen
immer wieder beisammen
und werfen den Kopf wie die Tiere.
Immer wieder streckt durch die goldnen Strahlen
auf dem schmalen
Moosweg zwischen den hohen Stämmen
dann ein dunkler Schemen
halb Chimäre halb Drache
hopp alle Viere.
Da müssen sie lachen
und werfen dem Untier Kusshände zu.
Und das Weib kann den Jubel nicht länger dämmen,
laut scheucht ihr Ruf die Mittagsruh:

Echo! Echo! stimm ein, stimm ein –
es wollt eine Seele sich befrein,
da band das Glück ihr die Hände!
O Meiner, hilf mir die Arme breiten!
halt mich gefangen, du, ohne Ende!
ach könnt ich ewig so weiter reiten!

Und der Mann, plötzlich die Sporen gebend,
in die Brusttasche greifend, im Sattel sich hebend,
Jagt vor ihr her fort:

komm, ich nehm dich beim Wort!
Und wenn ich die Freiheit drüber verliere;
hier – es lebe die Tat – ist das nöt'ge klein Geld!
voilà, madame: Banknoten! – gelt;
die sind doch mehr wert als Archivpapiere?!

Er schwenkt die blauen Lappen in der Sonne;
er lacht, dass ein fast schreckhaft Echo gellt.
Sie hat kaum zugehört vor Frühlingswonne.
Aufbäumend gleißt ihr Rappe in der Sonne;
zwei Menschen reiten in die Welt.

2.

Und sie machen Halt und lugen aus.
Da liegt, von Efeu eingehüllt,
im Kiefernhochwald still ein kleines Haus;
die graue Lichtung ist erfüllt
vom kühlen Duft des Morgentaus.
Der Mann blickt lange auf die beiden Linden
am moosbedeckten Zaun des alten Herdes.
Dann greift er in die Mähne seines Pferdes
und nimmt ein Haar und übergibt's den Winden:

Sieh, Meine, so werf ich hinter mich,
was uns noch scheidet durch Erinnerungen.
Dort halten Zwei in treuen Armen sich,
die träumen jetzt vielleicht von ihrem Jungen,
wie er sein Kind herzt, väterlich.
Sie haben Alles in mir großgehegt,
wodurch sich Menschenseelen glücklich schätzen;
doch wüssten sie, welch Glück mich jetzt bewegt,

und welches Leid es Andern auferlegt,
sie würden sich vor ihrem Sohn entsetzen.

Er blickt kalt weg, er lächelt befangen.
Das Weib hebt sacht vom Sattelknauf die Hand.
Sie hat das Haar im Flattern aufgefangen;
sie hält's wie zum Zerreißen gespannt.
Nun reicht sie's ihm zurück mit fröstelnden Wangen:

Nein, Lux: so leicht verwirft man nicht.
Was hilft dein Lächeln – ich seh dein wahres Gesicht;
uns scheidet Alles, was uns nicht gesellt.
Du willst mir helfen, mich in mein Schicksal schicken;
wohlan! so zeige mir mit immer wärmeren Blicken
versöhnt die Zwietracht dieser Welt!

Da fliegt ein Glanz rings übers Haidekraut:
die Sonne kommt durchs Holz. Ein Hund gibt Laut;
ein Ruf hallt jenseit des Geheges.
Das Haar entweht. Hell dräut das Hirschgeweih
vom grauen First der Försterei;
zwei Menschen reiten eilends ihres Weges.

3.

Und auf einer Landstraße begegnet ihnen
eine Heerde Schafe, vom Abendrot beschienen;
sie müssen durch den Staub.
Der lahme Hirt hebt besorgt seinen Stecken,
dass die Pferde wie rasend vor der Missgestalt erschrecken,
aus den Zügeln gehn, hussa, quer durch den Haufen.
Hinter ihnen her lärmt's blökend und blaffend,
eine Weile – dann stoppt der tolle Ritt;

sie zwingen die Gäule zum spanischen Schritt.
Und das Weib sagt lächelnd, die Schleppe raffend:

Als ich gestern den Brief – du weißt – abschickte,
da wurde mir auf einmal klar,
wie dienlich der goldne Käfig mir war,
in dessen Luft ich beinah erstickte.
Wie hat diese Luft mir doch erst eingegeben,
was es bedeutet, sich ganz ausleben:
ganz in ein andres Leben hin!
Wie kann ich jetzt in jedem Baum aufgehen:
das Wachstum jeder Blüte lässt mich sehen,
was du mir bist, was ich dir bin!
Wie glänzt mir selbst der Krüppel dort im Staube:
er ist so eins mit seinen Hunden
wie Gott mit seiner Welt! – Ich glaube,
das hätt ich früher nicht empfunden.

Früher – nickt der Mann, und klemmt die Kandare herunter,
denn sein Blauschimmel halst nach ihrem Rappen,
als wollten sie wieder durch die Lappen –

Aber weißt du: steig lieber nicht weiter hinunter
in diese Welt der einfachen Seelen –
sonst möchte dir Eins an ihrem Gottglück fehlen:
sie gehn nicht auf darin, sie gehn drin unter –
unwissend! – Ja: gottlob: nicht Einen Tag
wärst du im Stande, zwischen diesen Viehern
dich auszuleben – oder sag:
möchtest du Tiere zu Erziehern?

Zwei Menschen lachen; zwei Pferde wiehern.

4.

Und es führt ein Wildsteg durch Farrenkraut bergan.
Über Moos und Felsen schlüpft hüpfend das Licht
und blitzt im Dickicht; fern ruft ein Kuckuck.
Und es sprudelt ein Wasser durch tiefen, tiefen Tann;
da sitzt ein nacktes Weib, das Kränze flicht,
Kränze um einen glitzernden Mann.
Der singsangt:

Vor der Nixe vom Rhein kniet der Kobold vom Rhin
und bringt schön bang seine Brautschätze dar:
blaue Blumen, die nur im Freien blühn,
Männertreu, Pferdefuß, Jungfer im Grün,
und zur Hochzeit ein stumm Musikantenpaar:
Unke, die munkelt nur,
Glühwurm karfunkelt nur:
Ellewelline, husch, tanze danach!
Ein Herr Eidechs hatte einmal zwei Frauen,
denen er sehr am Herzen lag:
eine, der gab er sein tiefstes Vertrauen,
darauf lief er der andern nach.
Ellewelline, tanz Serpentine,
schwarz ist die Nacht, und bunt ist der Tag!

Und der Kuckuck ruft, und der Bergquell sprudelt;
und das dunkle Weib bekränzt ihr schwarz Haar.
Und sie summt – und das Licht in der Welle strudelt
kühl und warm, wirr und klar –:

Ellewelline tanzt Serpentine,
o ja, Herr Eidechs, sonderbar!

Sie schwamm eines Nachts um den Nixenstein:
da konnt sie den ganzen Tag Kobolde frein,
Jeden Tag ein paar,
macht fast tausend im Jahr.
Aber ans Ufer kam einfach ein Mann:
der hatte blaue Schuh, blaue Himmelschuh an –
Amen!

Und der Kuckuck ruft, als fänd'er kein Ende;
da falten die zwei Menschen die Hände.

5.

Und es liegt ein Strom im Tal, und Nebel steigen;
der Strom glänzt gläsern und scheint stillzustehn.
Aus grüner Dämmrung dehnen und verzweigen
die Wälder sich zu hundert blauen Höhn.
Ein dunkles Schloss wiegt zwischen seinen Giebeln
den großen goldnen Mond; zwei Fenster glühn.
Und drunter winden sich an Rebenhügeln
die Lichter kleiner Städte hin.

Dort – sagt das Weib und weist mit der Gerte
von ihrem Pferd ins Zwielicht hinab –
dort ging ich eines Nachts von Grab zu Grab
und weinte bis zur Herzenshärte.
In die Strudel im Strom, ins Gewirr der Bäume,
zu den Sternen, die über die Berge starrten,
verstieß ich meine Himmelsträume
und verließ meine Toten, verschloss meinen Garten.
Keine Seele fragte mehr nach meiner,
kein Geist der Väter trat her zu mir;

nur die reiche Erbin wollte manch Einer.
So ging ich ins Leben. So kam ich zu Dir.

Lange schweigt der Mann. Die Pferde scharren.
Ein Stein rollt zu Tal, ein Echo weckend.
Und das Weib beginnt in den Mond zu starren.
Da sagt er leise, den Arm ausstreckend:

Komm – es wollt eine Seele sich befrein,
da band ihr die Sehnsucht die Hände.
Was beschwörst du Schatten am grünen Rhein!
Sieh dort in die Lichter mit mir hinein,
in die Heimat ohne Ende!
Sieh: ist nicht der Himmel herabgesunken,
dein dunkles Tal wie von innen erhellt!
Sternbildern gleich steht Funken neben Funken,
vom Geist der Väter alle zusammengestellt!
Und mild belebt das irdische Gräberfeld
der tote Mond, vom Licht der Sonne trunken!

Zwei Menschen atmen auf, in ihrer Welt.

6.

Und wieder dämpft ein dumpfes Wiehern und Schnauben,
das durch den Schatten stiller Büsche rauscht,
im hohen Holz das Gurren der wilden Tauben;
und das Weib lauscht.
Der schlafende Mann in ihrem Schoß
hat schwer gestöhnt; soll sie ihn rütteln?
Da öffnet er die Augen – bodenlos.
Er sieht die Blumen blühn im schwülen Moos.

Und jäh, als wollt er einen Wurm abschütteln,
macht er sich los:

Das war, weiß Gott, ein Teufelstraum! –
Ich saß mit dir in einem alten Park.
Zuweilen ritten Leute hin am Saum.
Und plötzlich kam ein Reiter, jung und stark;
der fing uns an im Zirkel zu umtraben,
in immer gleichem, ziellos gleichem Kreise,
und doch so eifrig wie auf einer Reise,
als möcht'er Ruhe, endlich Ruhe haben.
Er schien uns beide garnicht zu beachten.
Und langsam übermannte mich ein Schauer:
er wurde immer älter, immer grauer.
Ich musst' ihn immer sinnender betrachten,
mit immer tiefer angestrengten Blicken.
Dann sah ich Ross und Reiter grässlich nicken,
mit Augen, die mich immer irrer machten;
ich wollte schrein vor sinnloser Beschwerde.
Und als mich deine Hände zu mir brachten,
fühlt'ich mit Grauen: das war der Geist der Erde.

Er küsst ihr dankbar die Rechte. Sie nickt und lauscht.
Er sieht die Blumen blühen im stillen Moos.
Er hört den Wald antworten; es gurrt und rauscht.
Er fühlt zwei Augen schweigen. Die sinnen bloß:

ich weiß einen Himmel – bodenlos –

und er schließt die Arme um einen Schoß.
Da rauscht es wieder: zwei Pferde stecken
die Köpfe durchs Dickicht. Zwei Menschen erschrecken.

7.

Und endlich kommt eine Hütte in Sicht.
Es regnet, dass sich an den Wegen
die Halme in den Schlamm der Berge legen;
er spritzt den Reitern ins Gesicht.
Sie müssen immer mehr die Köpfe neigen:
Kirschbaum bei Kirschbaum, immer tiefer,
spritzt Blütenfluten von den Zweigen,
sie kleben fest wie Ungeziefer.
Das Weib spricht:

Mir ist, als ritten wir zum Jüngsten Gericht;
der liebe Gott weint seine dicksten Tränen.
Ich triefe wie die Pferdemähnen,
und paradiesisch riecht mein Rappe nicht!

Sie wischt sich heftig den Brei von Hals und Hut.
Der Mann will längst ein Lächeln verbeißen.
Aber endlich zwingt's ihn: er muss den Mund aufreißen
und lacht in hellem Übermut:

Ei ei, Frau Fürstin! Gott ist gut!
er merkt, Ihr wollt in den Himmel kommen;
drum kommt uns der Himmel höchstselbst entgegen-
geschwommen –
o Meine, sei keine Martersäule!
Allons, was starrst du! mein Schimmel hat Eile:
komm, im nächsten Pfarrdorf verkaufen wir die Gäule,
das wird unsrer Pilgerkasse frommen!
Dann rollst du zu Rade vor mir her,
wie Frau Fortuna erlaucht im Traum der Ahnen.

Kein Schmutz, kein Stallgeruch befleckt uns mehr,
kein Kohlenrauch von Eisenbahnen.
Dann reisen wir nur noch bei Sonnenschein
und lassen unsre Herzen brennen.
Und dann will ich nie mehr, ich schwör's, dich Frau
Fürstin nennen
und doch – dein ergebenster Diener sein.

Sie machen vor der Hütte Halt.
Er wischt den Schmutz von seinen und ihren
Händen; sie wehrt mit sanfter Gewalt.
Zwei Menschen steigen von den Tieren.

8.

Und im Glanz, im bebenden blauen Glast
um zwei strahlende Stahlmaschinen
wiegt der Bergwind Blumen und Bienen;
traumhaft halten zwei Menschen Rast.
Traumhaft haucht ein Birkenstrauch
Duft und Dunkel um sie her.
Im Laube spielt die Luft, bald sanft, bald sehr.
Die Gräser zittern zwischen ihnen.
Ein Mann summt:

Nun lass die goldnen Schatten
durch deine Locken gleiten;
ich will dir eine Krone
aus lauter Licht bereiten.
Wiege mich, wiege mich: du sollst mir Alles sein:
wie ein klein Kindchen bedarf ich dein! –
Siehst du den freien Himmel dort
aus den Klüften steigen?

ich seh eine Freifrau thronen,
ihrem Freiherrn tief leibeigen.
Wecke mich, wecke mich! ich will dir Alles sein:
ich kann dir Gott aufwiegen, bedarfst du mein.

Traumhaft blickt das Weib den Weg zurück.
Um zwei strahlende Stahlmaschinen
wiegt der Bergwind Blumen und Bienen;
Jede taumelt auf gut Glück.
Eine Stimme zittert hin zu ihnen:

Siehst du an deiner Krone auch,
Kind, die schroffen Zinken?
Ich sah den freien Himmel, Herr,
in den Klüften versinken.
Hebe mich, halte mich! ich war so tief allein;
lass uns zusammen Alles sein!

Traumhaft haucht der Birkenstrauch
taumelnde Schatten um sie her.
Im Laube wogt das Licht, unendlich sehr.
Himmelluft hüllt zwei Menschen ein.

9.

Und es wird immer freier.
Von den Bergen weichen die Morgenschleier.
Noch wanken Wolken in den Spalten;
aber aus allen grauen Falten
quellen und strahlen wie Diamant
Schneeadern nieder ins grüne Land,
die sich unten in klaren Bächen
Bahn zum dunkeln Strom hin brechen,

steil von Halde zu Halde schäumend.
Das Weib steht säumend:

Wie strebt das alles weg von sich –
o Meiner, Meiner: wohin, wohin!
Jeder Sturzbach zeigt mir, wie Dein ich bin;
und doch lockt jede Wolke mich.
Mir ist so federleicht, zum Fliegen –
was will dies Bangen, es ist kein Grauen:
jeden freien Abgrund möcht ich hinunterschauen,
zwischen Tod und Leben mich wiegen.
Zeig mir das Dorf, wo unsre Räder stehn:
ich kann's ohne Wanken liegen sehn!

Sie will sich über die Tiefe neigen.
Sie steht auf einmal tief erschrocken:
hohl erdröhnt das Tal von Glocken.
Sie weicht zurück. Der Mann lächelt eigen:

Wohin – nun fühlst du's: nicht hinab!
da droht ein Gott: die Welt ist Mein.
Und nicht hinaus: da gähnt sein Grab.
Nur hin, nur hin – dann ist sie Dein!
Dann wird sie dir das Ziel enthüllen,
zu dem der Gießbach stürzend springt:
mit Willigkeit den Willen zu erfüllen,
der alles Leben zu Todeslüsten beschwingt:
du wirst dir selbst, in weltlichen Parabeln,
der unbekannte Gott der alten Fabeln!

Er winkt ihr, hält sie, lässt sie schweben;
zwei Menschen sehn ins Ewige Leben.

10.

Und sie steigen den bleichen Firnen zu,
von dem fernen stummen Blitzdunst umhaucht,
der die schwülen Almen, die Pfade, die dunkle Fluh,
die Hütten, die Heerden in Geisterlicht taucht –
wie verzaubert staunt der Blick einer Kuh.
Groß voll Ruhe, weitaus trunken,
schlürft das Auge die Himmelsfunken,
reglos ragt das Hörnerpaar –

Wie die Götterfürstin starrte,
wenn sie auf den Gatten harrte,
dessen Gruß der Blitzschlag war –
raunt der Mann dem schauenden Weibe
seltsam zu und macht sich frei.
Ein erstickter Schrei –
sausend zuckt sein Bergstock an ihr vorbei –
und ein Schritt, und funkelnd mit peitschendem Leibe
speit unter seinem knirschenden Schuh
eine Viper den letzten Blick ihr zu,
noch tötlich lauernd.
Schützend, schauernd
naht ihr seine Stimme:
Du – innig bis ins bangste Mark:
Lea! meine Löwin! sei stark!

Sie hat die großen Augen geschlossen;
wie ein klein Mädchen steht sie da
mit ihrer Haut voll Sommersprossen,
bleich vom Glanz der Blitze umflossen.
Wie verzaubert nickt sie: Ja –

ich weiß nit, wie mir eben geschah –
halt mich noch ein Weilchen umfangen,
du warst so ruhig, bleib mir nah –
ich wusst ja nit: mir graut vor Schlangen –
bis unters Herz ist mir's gegangen –
o geh mit deiner Löwin, Du:
ich glaub, ich bin – lach nit – dei' Kuh –

Und zwei Menschen segnen ihr Todesbangen.

11.

Und sie seufzen auf aus Sturm und Nacht;
ohne Grenzen fühlt sich Arm in Arm.
Durch die rauschende Hütte, unendlich warm,
wogt und weht das Dunkel hin. Und der Schacht
des Rauchfangs funkelt so sternenweiß
wie auf den Bergen das schmelzende Eis.
Das Weib flüstert heiß:

Und brächen da jetzt Lawinen herein,
ich würd aufjubeln: wir leben, leben!
Nit Leib, nit Seel mehr fühl ich Mein,
wenn ich mich dir entgegenhebe
und du dringst immer tiefer in mich ein!
Noch rauscht dein Blut mir, dein Herzschlag, durch alle
        Poren!
o sag, Lux, sag mir: solche Sekunden,
gelt, hast auch Du nie früher empfunden?!
Ach, hätt ich dich doch selber geboren!!

Sie breitet die Hände zum Firmament.
Pulsend wogt das Dunkel, unendlich warm.

Mit suchenden Fingern umglüht sie ein Arm,
ein Mann bekennt:

Ja, greif nach den Sternen, als ob sie wüssten,
was Menschenherzen Reinstes verlangen!
Du hast mich geheilt von allen Lüsten,
die nicht der Einen Lust entsprangen,
die ganze Welt im Weib zu umfangen;
du bist es, bist mir, was mich gebar!
Du tauchst mich wieder in die Erde,
als sie noch Eins mit dem Himmel war!
in Dir fühl'ich ihr feuerflüssig Werde
dem kreisenden Raume noch immer sich entwühlen!
und hingenommen von den Urgefühlen
bringt ihre Glut uns dem ewigen Kreislauf dar!

Er nimmt sie an sich wie ein Riese.
Durchs Dach der Hütte funkelt die Nacht
des Sturms mit überirdischer Pracht.
Zwei Menschen nahn dem Paradiese.

12.

Und sie schweben in steiler Gletscherspalte;
die Seile knirschen, der Atem raucht.
Aus dämmernden Grabesgründen taucht
die blaue Klarheit, die schneidend kalte.
Und sie finden Halt. Der Mann horcht und haucht:

Hier kommen die großen Ströme her,
wo die Tiefen weinen vor eisigem Grausen.
Hörst du die tausend Tropfen brausen?
die fernen Wasserstürze? das Meer?

Hörst du im Brausen das Todesschweigen
aus den leuchtenden Grüften steigen?
sieh: es scheint, ein Wanken weitet Allvaters Hallen!
Lea – wenn jetzt die Wand zerrisse
und wir würden einsam ins ungewisse
Reich des ewigen Daseins fallen:
wärst du im Sturz noch meine Göttin der Freude?
oder wieder die Fürstin Herzeleide?

Er sucht ihren Blick; er sieht blaue Kreise,
er fasst fester Fuß – der Gletscher schreit.
Dumpf dröhnt's im fern zerreißenden Eise;
meergrün furcht sich die Dunkelheit.
Die starre Wand bebt. Das Weib fragt leise:

Bist du des Todes so kalt gewahr?
Allmutter sieht in Allvaters Hallen
einen heimlichen Brunnen überwallen,
drin dämmert's warm und wunderbar.
Es scheint, Opale schmelzen aus seinem Grunde.
Da entsprießt dem märchenfarbenen Schlunde
eine rosige Knospe, morgenklar.
Oh, die möchte Allmutter Herzeleide
blühn sehn voll göttlicher Augenweide;
und ihr Schoß erbebt, des Lebens gewahr!

Sie starrt beklommen. Es starrt der Mann,
als ob er selbst Tod und Leben erschuf.
Da schallt von oben der Führerruf;
zwei Menschen schweben himmelan.

13.

Und es ist keine Erde mehr zu sehn.
Über Meeren von Dampf, Schatten, Wolkenschaum
dehnt und wölbt sich der reine Raum.
Höher als die Sonne stehn
zwei Menschen in gährendem Wetterbrodem,
führerlos vom Glanz umbrandet,
der von Berghaupt wild zu Berghaupt strandet:
alle Gipfel wogen. Das Weib zürnt zu Boden:

Lukas, wir haben uns verstiegen.
Lächle nicht! War Das dein Ziel?
mich in stolze Mutterhoffnung zu wiegen,
um dem irren Zufall zu erliegen?
Du bist zu ernst für solch ein Spiel! –
Du kannst in deinem Schwerpunkt ruhn,
du brauchst nicht bodenlos zu gähren;
es ist nicht Flugkraft, wenn Opale tun,
als ob sie Seifenblasen wären.

Sie sucht seinen Blick. Der folgt dem Dampfe.
Zuckend glühn die Narben in seinem Bart;
seine Nüstern spannen sich wie zum Kampfe.
Er fragt sehr zart:

Sprach Das die Frau, die einst fliegen wollte?
Nun: der Morgennebel wird bald zergehn –
dann wirst du die Straßen wiedersehn,
auf denen gestern da unten dein Glücksrad rollte.
Auch die Felswände stehn noch unverrückt,
die meine freie Ebne vermauern –

Lea! Lea! soll ich bedauern,
dass ich Seelen verlassen will, die Mein Glück beglückte?!
Steht der Himmel dir nur im Gleichnis offen?
Mutter Isis?! – Oh –: nun lächelst auch Du!
Ja dann juble, Seele: im Himmel herrscht keine Ruh –
und du wirst noch viel stolzer, viel göttlicher hoffen!
Ah –: sieh die Adler dort, die beiden,
wie sie strahlend den Dunst zerschneiden –

Strahlend blicken zwei Menschen der Sonne zu.

14.

Und es blaut eine Nacht, rings von Monden hell:
der Gießbach braust in elektrischer Glorie vom Berg.
Der Mond des Himmels krönt das Menschenwerk;
einem Zauberschloss gleicht das stille Hotel.
Fern schwebt silbern die eisige Gipfelkette,
gleißt in jedes Fenster herein,
beglänzt ein seidnes Himmelbette.
Wirr entsinnt sich der Mann: er träumte ein Schreien.
Auf der schimmernden Lagerstätte
liegt das Weib, ein Bild starrer Pein.

Lea! – er reißt sie aus dem Schlaf –
Du! wach auf! komm! was hat dich bedroht?
Du machst ja Lippen, blass wie zum Tod.
Küsse mich! lebe! sei Meine! sei brav!
sei wieder braun! sei rougerougerot!

Er richtet sie hoch mit schmeichelndem Zwange;
sie versucht ein Lächeln zum Erbarmen.

Sie horcht in das Brausen hinaus, lange, bange.
Klagend greift sie nach seinen Armen:

Es wollt eine Seele sich befrein,
da band ihre Tat ihr die Hände!
Ich sah in zwei blinde Augen hinein;
die starrten mich an ohne Ende.
Sie starrten weiß, wie dort das Eis.
Eine Kälte wehte; es kam eine Mauer von Särgen.
Oh Lux, führ mich weg von diesen Bergen!
hilf mir dies tote Leben versenken!
Lux, du darfst nicht mehr an dein Töchterchen denken!
o wär's doch Mein! o wär's! – Nein! nein:
ich will mich wehren, wehren, mit allen Gelenken!
schüttle mich! bis mir's vom Herzen schmilzt!
Ich will dir ein viel schöner Kind schenken!
Ich will mich in Dein, ganz in Dein Herz versenken!
Nimm mich, führ mich wohin du willst!

Sie umschlingt ihn, schlotternd, vor Wonne schluchzend,
        vor Grausen;
zwei Menschen hören die Mondnacht brausen.

15.

Und sie kehren zurück auf bestaubte Bahnen,
Rad an Rad im Fluge durch graue Schlüfte,
durch Blütenmatten ohne Düfte.
Immer dunkler blaut das Moos von Enzianen;
als wolle der glühende Tag die Lüfte
tief an himmlische Nächte mahnen.
Immer finstrer schaut das Weib in die Klüfte:

Lukas, mich peinigt schon seit Stunden ein Ahnen,
als habest du versucht dort oben,
meine Weibesohnmacht zu erproben;
tu das nie wieder, ich bitte dich!
Wie du heut dich über den Abhang bücktest
und mir das einsame Edelweiß pflücktest,
kam eine Empörung über mich:
ich hätt dich hinunterstoßen können,
blos um dich keiner Andern zu gönnen.

Sie wirft die Blume wild hinter sich.
Ein Ruck: sein Rad bäumt. Sie wankt, schreit auf:
er scheint zu stürzen im Rückwärtslauf.
Nein: er greift zu Boden in blitzendem Schwunge,
ist wieder bei ihr mit lachendem Sprunge,
in der Hand die Blume, und steht, fängt sie auf:

Ja! Ja, du: das hab ich versucht dort oben!
und will's immer wieder, immer wieder erproben,
weil du Mein bleiben sollst, weil du stark sein kannst!
Du sollst nicht an deine alten Sünden denken,
wenn du mit mir durchs heilige Leben rollst,
dem du ein Kind von mir geben sollst!
Nein, die göttliche Unschuld wolln wir ihm schenken;
und das Edelweiß hier wird zum Andenken
in deine schwarze Seele gepflanzt,
bis der Heiland mit den Engeln drin Ringelreih tanzt!
Sieh, mein ganzes Herz lacht: du Weib, ich Mann,
o selig, wer dein Gott sein kann!

Er steckt ihr den blühenden Stern ins Haar;
bräutlich glüht der Tag um ein Menschenpaar.

16.

Und der Himmel eilt über Täler und Tau.
Und, im Haar einen Kranz von Windenranken,
rollt durch den Glanz voll Wundergedanken
eine irdische Frau.
Wie die weißen Blüten ins Herz ihr schwanken!
wie die Straße mitfliegt mit den schlanken
stählernen Rädern, den sonneblanken!
Und der Mann jauchzt ins helle Morgenblau:

Heia! All Heil, Welt! jetzt geht's bergab!
Achtung! gleich wird dein Herz was erleben.
Flügel, Frau Göttin! Füße heben,
Augen schließen! hei, ich schwebe,
alle Sterne sprühn in mein Dunkel herab!
Das lenkbare Luftschiff ist erfunden,
Wolken fallen mir in den Schoß!
und an keine Erdaxe mehr gebunden,
lässt dein Herrgott auch noch die Lenkstange los!
Los! frei weg! gradaus ins Blaue,
wie Herr Andree der Nordpolfahrer!
Sieh, wie saust die Welt gleich klarer!
Aufgepasst: da kommt ein wahrer
Eisbär! huh, ein griesegrauer!

Er schwenkt beide Hände, ein Hökerweib grüßend,
das brummend durch den Straßenstaub zieht,
wütend die lachende Dame besieht.
Die ruft blütenumflattert vorüberschießend:

Aber Lux! Mann! Mensch! die stirbt ja vor Schreck!
Halt! mein Kranz! na wart du: ich hol' dich schon ein,
du Unmensch! dann renne Ich dir weg –

Und –: ein Stoß, als stürze das Weltall ein:
Sterne sprühn: nachtwolkenbedeckt
kommt sie zu sich aus Stahl, Staub, Stein:
da liegt er blutend hingestreckt.
Und oben steht das Hökerweib
und lacht und schlägt sich vor den Leib.
Zwei Menschen stimmen stöhnend ein.

17.

Und ein Regen perlt an zitternde Scheiben;
ein Bahnzug stampft durch sanfte Gelände.
Ins Polster gedrückt, verbunden Arme und Hände,
sieht der Mann die Tropfen rinnen und treiben.
Seine Augen werden immer grauer;
er scheint die Frau, die neben ihm lehnt,
nicht zu fühlen. Sie sagt voll Trauer:

Du hast dich in die Ebne gesehnt,
nun kommt sie, und – du sprichst kein Wort;
als wär dir die ganze Seele verbunden.
Und ich – ja, ich weiß, ich stieß dir die Wunden;
aber sie werden wieder gesunden!
soll ich denn mitleiden fort und fort? –
Fühl's doch endlich, wie Ort auf Ort
und Tal an Tal sich zur Ernte kränzt!
das feuchte Korn, wie's brotgelb glänzt!
die Obstalleeen, die weidenden Pferde –
sieh: tausend Freuden wachsen auf der Erde!

Und immer sanfter rinnt das Gelände;
wilder stampft der Zug und schüttelt die Frau.
Unwillkürlich hebt der Mann die Hände.
Sein grauer Blick wird dunkelblau:

Ja, ich fühl's, ich seh's! sehr, sehr genau!
seh schon die tausend Arme sich regen,
und muss die meinen erbärmlich zur Ruhe legen,
weil ich mich gehn ließ – ich! – Ja, du: Ich –
meine ganze Seele beschuldigt mich.
Zu jeder Handlung braucht sie die Hand,
für unser Wort selbst als Unterpfand;
wehe dem Menschen, der das vergisst!
Wie dies Stampfen mich höhnt! Das Gangwerk der Maschine,
das unsrer Glieder lenksames Nachbild ist,
mir kann es jetzt als Vorbild dienen!

Er verstummt mit selbstbeherrschter Miene.
Der Regen rinnt von den zitternden Scheiben.
Zwei Menschen bedenken ihr Tun und Treiben.

18.

Und ein Lichtstreif schielt von getünchten Wänden
nach blitzenden Messern zwischen Verbänden;
dunkle Rosen glühn über frischem Blut.
Ohnmächtig ringt der Duft des Straußes
mit der Luft des Krankenhauses;
und lähmend sticht die Mittagsglut
durch die verhängte Fensterscheibe.
Ein Mann eröffnet einem Weibe:

Also –: die Ärzte haben befunden:
meine rechte Hand wird nicht wieder gesunden.
Ich werde sie wahrscheinlich verlieren,
oder man wird sie mir lahm kurieren,
was ungefähr dasselbe sagt;
kurz, ich hab mich für immer zur Schandgestalt gemacht.
Nach unserm Gottrausch lieg'ich da,
hilfloser als der Urmensch. Ja:
stelle dich nur recht aufrecht hin!
Bei jeder Umarmung wirst du's erkennen,
dass ich meiner, deiner nicht mehr mächtig bin.
Das ist kein Mann mehr nach deinem Sinn –
auch nicht nach meinem –: wir müssen uns trennen.
Geh! mach's kurz! sei Du! schon seit gestern
mahnt mich dein Wesen an eine Andre;
sie würde für mich durch jedes Fegfeuer wandern;
uns aber schaudert vor barmherzigen Schwestern.
Geh! Noch kannst du zurück in dein Leben.
Du sollst einst nicht davor erröten,
dein Kind einem Krüppel ans Herz zu heben.
Auch nach Ruhe brauchst du nun nicht mehr zu streben;
es wird sie dir auf jeden Fall geben,
auch falls du wieder geruhst – es zu töten!

Er lächelt eisig; er glüht. Sie schweigt.
Sie steht wie über ihr Innres geneigt;
ohnmächtig duftet ihr Rosenstrauß.
Sie hebt die Stirn, sie schreitet hinaus,
ohne Gruß, ohne Blick. Zwei Menschen erbeben.

19.

Doch von fernen Höhen springt das Licht
über Land und Stadt durch den trüben Morgen;
zwischen rings aufglitzerndem Grün verborgen,
hebt der Mann sein verwachtes Gesicht.
In dem einsamen Garten knirschte der Sand.
Er lauscht noch, ob er träumte ob wachte
– eine Meise huscht um den Laubenrand –
da steht sie vor ihm, an die er dachte.
Sie nimmt die lahme, vernarbte Hand.
Er will sie ihr entreißen, entringen;
aber heiße Tränen dringen
über ihr und sein Gesicht,
er kann es nicht –

Nein, Meiner! – und würdest du jetzt mich schlagen,
was wär mir's gegen dies Wiederfinden!
Oh, ich wär ja am liebsten mit vier Wagen
nach allen vier Winden auseinandergejagt,
dir endlich zu sagen:
was Du kannst, kann auch Ich ertragen!
alle, alle Weibeskraft sollst du in mir finden! –
Sieh: hier hast du zwei Hände statt der einen.
Ich bin ja nicht mehr wie früher. Schau:
da musst'ich mein Menschlichstes verneinen,
um der Welt und mir etwas vorzuscheinen.
Jetzt bin ich etwas: Deine stolze Frau! –
Ja: steh auf! mir ist, als müsst'ich ersticken,
bis die Leute mit menschenfreudigen Blicken
uns wieder nachschaun: welch strahlend Paar!

Und schlichest du, so die Stirne hebend, an Krücken,
ich hör ihr Geflüster: Wunderbar,
wer muss das sein, was für ein Mann,
dem solch ein Weib gehören kann!

Sie lacht: seine Hand bebt auf ihrem Haar.
Von den fernen Höhen lacht der Morgen.
Um die Laube lachen die Vögel gar.
Zwei Menschen fühlen sich geborgen.

20.

Und ein Abend rötet die Dächer alle.
Eine Taubenschaar kreist mit flammenden Schwingen,
als habe sie dem schwülen Tale
eine Himmelsbotschaft herabzubringen.
Da erklärt das Weib mit einem Male:

Lukas, nun muss ich dir etwas sagen:
ich hab einen Brief an dich unterschlagen.
Ich musst endlich wissen, was du triebst,
wenn du zuweilen Nachts heimlich schriebst –
du brauchst dein Erblassen nicht zu verstecken:
auch mich kam Furcht an, Schmerz, Verwirrung, fast
        Schrecken.
Ich konnt die sonderbaren Chiffern
zwar nit ganz und gar entziffern;
aber dieser Freund benutzt dich als Helfershelfer zu Zwecken,
die lichtscheu sind – er spricht von deinem Leben,
als wärst du gewohnt, falsche Karten zu geben.
Oh Lux, vertrau mir! Ich hab nichts, nichts zu verlieren
als Dich! Ich will mich in jede Armut finden.
Selbst verachtet zu werden, könnt ich verwinden.

Nur: lass dir nicht für Geld die Hände binden!
Sag mir –: was ist's mit den Archivpapieren? –

Schwül blickt der Mann nach den flammenden Tauben.
Seine Rechte hat versucht sich zu ballen.
Er sagt, und seine Worte fallen
wie metallen:

Es ist Nichts! ich fordre von dir Glauben.
Und bis du reif bist, Näheres zu erfahren,
und um dir weiteres Misstraun zu ersparen,
wird dieser Briefwechsel einfach unterbleiben;
denn ja – ich kann jetzt nicht mehr heimlich schreiben.
Einstweilen aber sollte dein eigen Treiben
dir die Erleuchtung innerst nahe legen:
kein Licht kommt anders als auf dunklen Wegen! –
Hier: blick mir in die Augen hinein:
sag, meinst du wirklich, Ich kann lichtscheu sein??

Zwei Menschenseelen schimmern sich entgegen.

21.

Und Wolke über Wolke kommt gekrochen
und drückt das offne Land in dumpfe Schranken;
es liegt im Halblicht wie gebrochen,
der Bergforst steht gesträubt.
Der Donner brodelt schon, und Blitze wanken;
und wenn die Funken fahl durchs Dunkle kochen,
dann ist's als atmeten des Tales Flanken.
Der Mann macht Halt wie dunstbetäubt:

So sind wir rings umhüllt vom Unbekannten;
dem Qualm der Niederungen kaum entklommen,

stehn wir vom Schwall der Höhen schon benommen
und gehn vielleicht erst recht der Tiefe zu.
Und wenn der Bann, dem unten wir entrannten,
hier oben uns ereilt mit glühendem Schuh,
wenn dann im letzten taumelgrellen Nu
die eine Frage noch in uns entbrannte:
ist nicht des Lebens Missgeschick
nur unsres Wesens Ungeschick –
dann wirbelt noch durch unsre tiefste Ruh
als einzige Antwort aus der Ewigkeit
des Daseins grausige Unsicherheit.

Und drohender erschallt das Lichtgebebe,
die hohen Tannen fangen an zu schauern.
Bis ganz ins Land hängt Alles in der Schwebe;
es ist, als ob das Tal die Flügel hebe.
Das Weib zeigt in die rollenden Wolkenmauern:

Wenn sonst die Blitze so den Raum durchschossen,
war mir so grenzenlos, so haltlos bange
wie damals vor der Todeswut der Schlange;
Jetzt scheint durch jeden mir der Himmel erschlossen!
Ich brauche blos mit dir ins Licht zu schauen
und habe vor Nichts, vor Nichts mehr Grauen!

Und jählings reißt sich aus der Dunkelheit
blendend und knatternd der erste klare Strahl.
Mit prasselnder Sohle springt der Regen ins Tal.
Zwei Menschen atmen wie befreit.

22.

Und sie schreiten durch verwüstete Fluren.
Von Hügel nieder zu Hügel hingeschwemmt
ziehn sich des Wolkenbruches Spuren.
Die Bäume stehn noch wie gekämmt.
Das reife Korn am Weg ist wie geplättet.
Fern am durchbrochnen Bahndamm hängen,
Strickleitern gleich, Reste von Schienensträngen;
die Brücke liegt zerrissen im Fluss gebettet.
Die Sonne blitzt aus hundert Spiegelflächen.
Des Weibes Blick folgt den gefüllten Bächen:

Wie wird nun nach dem ersten Staunen und Grauen
der Mensch hier rings mit doppelt mächtigem Mut
bahnen und bauen,
bis die Natur ihm seinen Willen tut!
So stand ich einst – o endlich kann ich's sagen –
nach frischer Tat vor meinem getöteten Kind.
Im Garten draußen stöhnte die Nacht, der Wind.
In meinem Innern sah ich Blutstürme jagen.
Ein Paradies reifer Hoffnungen lag mir zerschlagen.
Aber ein Glaube schwoll draus auf, so groß,
als bebe die Erde vor Drang mich hochzutragen:
oh, unerschöpflich ist der Mutterschoß! –
Gib mir die Hand, Lux: jedes Missgeschick
macht uns geschickt zu neuem Glück!

Sie greift nach seiner gelähmten Rechten,
eine Himmelsklarheit im dunkeln Augenpaare
gleich den glanzgefüllten Bächen.
Er will noch wehren. Er möchte sprechen.

Da –: ein Schauer reckt sie – seine Finger umflechten
ihre stolzen Hüften, ihn zieht das Unsagbare –
er steht und stammelt, kaum bewusst:

du Liebe, Schöne, Gute, einzig Wahre!
du Mörderin aus Lebenslust!
du Kind, du Engel an meiner Brust!

Der Himmel glänzt aus jeder Wasserrinne;
zwei Menschen sehn's wie eines Wunders inne.

23.

Und schwarz aus dunklem Erntefeld
bäumt sich das Denkmal einer Schlacht.
Tief hinter den Garbenreihen hält
der große Mond im Dunst blassrote Wacht.
Es tränkt ein Duft die weite warme Nacht,
der jeden Busch zur Wolkenblume schwellt.
Die Wiesenraine sind wie Geistergleise.
Ein Mann sagt leise:

Es wollt eine Seele sich befrein,
da band ihr die Freiheit die Hände.
Nun sinnt sie in Tod und Leben hinein;
da schließt eins innerst das andre ein,
aller Zwang hat willig ein Ende.
Sieh dort: wie stehn, wie schimmern die vollen Ähren!
als ob sie stolz die Opfer verklären,
die einst hier fielen für fremdes Glück.
Kein Denkmal ruft die Tausende zurück,
die noch als Leichen Kindeskinder nähren;

auf diesem Hügel aber stand der Feldherr
und fühlte sich im Siegesglück als Weltherr.

Er hat den Arm wie zum Befehl gehoben.
Da schmiegt das Weib ihr Haupt in seine Hand
und Brust an Brust, und raunt ins dunkle Land,
als höre sie das Mordgewühl noch toben:

Und fühlte doch vielleicht sein Herz erbeben,
und hätte gern die Tausende geschont,
wenn nicht auch Er bereit war, Blut und Leben
so rückhaltlos der Welt zurückzugeben,
wie dort sein Licht vergießt der rote Mond.
Denn, Meiner, ja; kein Glücklicher fühlt einsam:
was ihn beglückt, er geht drin auf, gemeinsam!

Und warm und wärmer schließt im Nebelkreise
sich Herz an Herz mit überströmender Macht.
Die Erde schwillt gen Himmel, leise, leise.
Die Wiesenraine werden Göttergleise.
Zwei Menschen sinken in den Duft der Nacht.

24.

Und aus verwildert stillen Gärten steigt
ein altes Städtchen in die Mittagsglut.
Um die zerborstenen Mauerwehren zweigt sich
Efeu, Hexenbart, Pfaffenhut;
weiße Rosen blühn am Tore.
Im Schatten ruht ein Mann und träumt und schweigt
zur Giebeluhr hinauf, die nicht mehr zeigt.
Das Weib zupft ihn am Ohre:

Du machst ja Augen, so voll entlegener Wonnen,
als sähst du die Jahrhunderte sich sonnen
auf den Ruinen.
Ja: die steinernen Jungfraun hoch am Tor,
die beten gar »reif« um ihr Stündlein empor
mit ihren verwitterten Mienen.
Wir aber – oh – wir haben Zeit;
sehn wir nicht auf zu ihnen
voll ewiger Seligkeit?!

Der Träumer hat den zarten Spott vernommen.
Sein Blick ist freudig aufgeglommen.
Die Gärten glühn. Er lächelt sonderbar.
Er sucht nach Worten, Blick in Blick gegründet.
Er spricht, als seh er tief ein Licht entzündet,
das früher nicht in ihrer Seele war:

Vielleicht sah ich in meinen entlegenen Wonnen
ein kommendes Jahrhundert schon sich sonnen,
nicht auf romantischen Ruhestätten zwar.
Ich sah nach dem edlen Ritter im Fries,
der seinen Mantel weiland den Bettlern ließ,
um hilflose Blößen zu decken.
Vielleicht ist heimlich nach Bettlerart
mancher edlere Ritter heut auf der Fahrt,
Helfershelfer zu wecken,
zu jetzt noch lichtscheuen Zwecken –

Er schweigt. Die Gärten glühn. Es ist, als schliefe
verstohlenes Leben hinter allen Hecken.
Zwei Menschen sinnen in die Tiefe.

25.

Und hoch durch Hallen, die fast blenden,
braust Dampf; und dumpf donnert Rad bei Rad.
Hohl durch die offenen Bogen-Enden
schwelt wie ein Herd mit tausend stillen Bränden
die Lichter-Dunstnacht einer großen Stadt.
Bahnzüge dröhnen rhythmisch hinaus, herein,
hin am Wirrwarr der scheinbar ziellosen Menge.
Zwei Menschen überschaun das stete Gedränge.
Ein Mann weist nach den fernen Häuserreihn:

Ist's nicht, als wären's Äonen seit ehemals,
seit wir vom Haus deines Herrn Gemahls
die finstern, lichtdurchfurchten Mauern
auch so am Horizont sahn kauern?
Und ist's nicht wieder, nicht immer noch, als lauern
die roten Fensterhöhlen auch hier wie Augen,
die alle trüben Begierden einsaugen,
auf Habsucht Notdurft speichern, und Hass zum Neide?
Und treibt doch Alle die Liebe, wie uns Beide,
sich Geist an Geist mit seelenvollen Händen
zu gleichen Lebenszwecken zu vollenden!
Wär's da nicht not, dass Freunde des Lebens sich fänden,
nur zu dem einen Endzweck auserlesen,
klar Alle dem Willen Aller zuzuwenden?!
bis einst der Geist, von jedem Zweck genesen,
nichts mehr zu wissen braucht als seine Triebe,
um offenbar zu sehn das weise Wesen
verliebter Torheit und der großen Liebe?!

Und einer Seherin gleichend steht das Weib,
und näher drängt um sie das Köpfegewimmel.
Sie fragt, und hält die Hände in das Getümmel,
als schütze sie den Mutterleib:

Und wenn nun Einst und Jetzt auch Mir sich einen,
sodass ich furchtlos Deine Freundin bleib,
trotz meiner Eheschuld, und trotz der deinen?!

Sie schweigt, als ob sie heimlich etwas versprach.
Zwei Menschen sinnen der Menschheit nach.

26.

Und sie stehn vor einer Domfassade.
Unvollendet hockt der eine der hohen Türme
im Kranz der gothischen Höllengewürme,
als bitte er den andern um Gnade.
Aber vor vermessenem Himmelsverlangen
scheint die irdische Tragkraft ihnen ausgegangen;
unten gähnen wie Grüfte die kunstgerechten Pforten.
Demütig Gebeugte nahen von allen Seiten.
Und das Weib winkt dem Mann, auch hineinzuschreiten.
Und die Orgel erbraust zu ihren Worten:

Komm, lass uns einmal wieder voller Kindheit sein.
Horch, wie die alten Lieder Alle benedein.
Da spürt kein Herz mehr Sünde;
die Mutter mit dem Kinde
schließt ja auch Uns die Gründe
der Welt und Menschheit auf und ein.

Doch die Orgel verstummt. Dumpf tönen Gesänge
einer verborgenen Priesterschaar.

Und über dem weihrauchumdampften Altar
sehn sie bleich einen Gekreuzigten hängen:
mit grässlich wahr gemalten Wunden
und schrecklich schön geformtem Munde –
Da neigt fromm der Mann dem Weibe sich dar:

Vor deinem künftigen Kinde
könnt ich dir beichten, den Heiligen gleich:
ich suchte einst ein bisschen Sünde
und fand das ganze Himmelreich.
Hier aber dünkt es ein Wortspiel mich,
wie dieses Schauspiel, stimmungshohl, durchtrieben.
Komm! Draußen steht's von Grund auf in Stein geschrieben,
das schwere Wort: Vollende Dich!

Und die Orgel braust wieder. Er sucht einen Pfad
ins Freie, scheu umkauert von Betern.
Ein feister Küster im Ornat
blickt ihnen nach wie frechen Spöttern.
Zwei Menschen fliehn vor fremden Göttern.

27.

Und ein wüster Traum scheint Wirklichkeit geworden:
durch grabesstille Säle tobt ein Farbenmeer:
nackte Leiber hängen an den Wänden umher,
und geputzte Damen, Tiere, Bäume, Herren mit Orden.
Neben blühenden Feldern sieht man arme Leute jammern.
Aus vergoldeten Rahmen stieren elende Kammern.
Endlich seufzt der Mann und lächelt schwer:

Ich segne wahrhaftig meine gelähmte Hand,
wenn so viel gesunde auf käuflicher Leinewand

mit ihrer natürlichen Ohnmacht Stimmung machen.
Ob diese Künstler nicht über sich selber lachen,
wenn sie mit kindischer List vom vollen Leben
den Schaum abschöpfen? – Aber eben:
Stimmung – die Sprache sagt es – lässt sich »machen«,
Gefühl und Geist sind Wenigen voll gegeben.
Sieh dort; in all dem Schwall das schmale Bild,
von dem wir hier nur eine Klarheit erkennen,
die kühn aus tiefem Grau ins Blaue schwillt;
und magst du's arm vielleicht an Farbe nennen,
du fühlst doch, dass da Einer spricht,
der innerlich so reich ist wie das Licht,
und der drum Schatten wirft auf das Gelichter
dieser dürftigen Flunkerwichter.

Sie treten näher. Sie sehn am Strand
des Nachtmeers schlafend einen Knaben liegen:
ein großer Stern scheint seinem Atem entstiegen,
in dessen Glanz sich alle Wellen wiegen.
Endlich nimmt das Weib des Mannes Hand:

Und stimmt das nicht zum Frieden deinen Geist?!
Mir deucht, von sicherm Ufer kann man dreist
auch einem Irrlichtschwarm Reiz abgewinnen.
Ich glaube, dir ist das Herz durch Andres schwer.
Ich hab auf einmal Sehnsucht nach dem Meer;
uns fehlt wohl nur der freie Himmel hier drinnen.

Sie lächelt: komm! Er stutzt. Dann nickt er nur.
Zwei Menschen folgen ihrer Natur.

28.

Und es rauscht nur und weht.
Es liegt eine Insel, wohl zwischen grauen Wogen.
Es kommen wohl Vögel durch die Glut geflogen,
die blaue Glut, die stumm und stet
die Dünen umschlingt.
Da gebiert die Erde im Stillen wohl ihr Empfinden
und nimmt ihre Träume und gibt sie den Wellen, den
      Winden.
Die Seele eines Weibes singt:

O lass mich still so liegen,
an deiner Brust, die Augen zu.
Ich sehe zwei Wolken fliegen,
die eine Sonne wiegen;
wo sind wir, Du? –

Und es rauscht und weht.
Es liegt eine Düne, wohl zwischen tausend andern.
Es werden wohl Sterne den blauen Raum durchwandern,
der über den bleichen wilden Hügeln steht
und golden schwingt.
Die Seele eines Mannes singt;

Still, lass uns weiter fliegen,
Beide die Augen zu.
Ich sehe zwei Meere liegen,
die einen Himmel wiegen.
O Du–

es rauscht. es weht;
über die heißen Höhenzüge geht

höher und höher der goldne Schein
ins Blaue hinein,
wo das Dunkel schwebt.
Und aus dem Dunkel herüber, auf großen Wogen,
kommt die Einsamkeit gezogen.
Und zwei Seelen singen: Eine Seele lebt,
wohl zwischen den Sternen, den Sonnen, den Himmeln,
       den Erden,
die will uns wohl endlich leibeigen werden;
es schwellen die Wogen herüber, wie Herzen klingen,
Menschenherzen! – Zwei Seelen singen –

29.

Und sie sehn fünf Sonnen im Nebel stehn,
von Glanz umzingelt vier blasse kleine
im Kreise um die große eine;
der stille Kreis scheint den Nebel zu drehn.
Und im Dünensand hat im Windeswogen
Jeder Halm um sich einen Kreis gezogen.
Plötzlich lacht der Mann zu dem Phänomen:

Ist's nicht, als will uns der Himmel aus seinen Schätzen
rings deinen verkauften Perlring ersetzen,
von dem wir die tolle Überfahrt bezahlten!
O, wie deine Augen herzehell strahlten,
deine dunkeln Augen im Sturm neben mir,
dass ich kämpfte, dich nicht auf offnem Schiff zu umarmen!
Und da lagen diese Mitmenschlein zum Erbarmen
und waren seekrank! – Hah: da dankt'ich dir,
Du, für deine wellenwild schwungvolle Körperschwere,
die mich auf den Grund aller irdischen Rhythmen tauchte!

Da fühlt'ich wie ein sintflutlich Tier
unsre Urverwandtschaft mit dem Meere!
Ja, meine Erlauchte:
Was ist denn diese äußere Welt,
dies öde Eiland um uns her?
nur was die Seele davon hält,
das Ufer für das innre Meer!

Er hat sich erhoben. Der Dünensand
fegt singend über den feuchten Strand.
Die vier Sonnen im Nebel verschwimmen zu blassen
Axen,
die sacht der leuchtenden Mitte zuwachsen.
Das Weib streckt die Hand:

Zieh mich hoch – ja, rück es mir ins reinste
Licht, dass deine Welt meine umspannt!
O, wie schmückt unsre Sonne mein schlicht Gewand!
Und jeder Flimmer, jeder kleinste,
verflicht uns mit ins Allgemeinste
und hat doch hell für sich Bestand –

sieh! – Zwei Menschen umschlingt ein Strahlenband.

30.

Und sie stehn von Morgenschauern erfasst,
nackt. Die Küste glüht perlmutterfarben.
Die Ebbenrillen furchen den Glast
wie rosige Narben.
In der See wühlt die Windsbraut und jauchzt und tost.
Und das Weib erschauert bis in den Schoß
und wirrt ihr nass Haar vom Nacken los

und breitet die Arme: Jetzt kommt die Flut,
ich möcht ihr gleich wieder entgegenschwimmen!
Pulst sie dir auch so heiß im Blut?
dies Branden, dies Glimmen!
Wie sie Kraft schöpft – bis zum Horizont,
himmelan schwellend aus ihrem Rauch,
schwarzzottig, silberkraus übersonnt,
voll Spannung wie ein hochschwangerer Bauch,
und der Odem der Allmacht kreist drüber her.
o Mutter See! o Meer! mein Meer!

Und von Segeln der Morgenröte umschlossen,
schau – lacht der Mann und knipst ihr ein Muschelchen ab –
kommt ihr liebster Sohn durch den Raum geschossen:

mein Schiff hat Regenbogenflossen
und holt dich ins Raumlose ab,
wo die fünf Sonnen noch immer am Himmel stehn!
Und da wollen wir eine zum Ballspielen nehmen,
einen Knäuel zum Glanzweben,
eine Kugel, aus der wir Lichtbrot rollen,
eine, in der wir einander spiegeln wollen,
und die fünfte bleibt stehn!
Die bleibt stehn, damit die Menschen es sehn können,
wie wir über die hohen Wellen gehn
und den freien Sternen dahinter entgegenrennen,
um die unsre Sonnen und alle sonnigen Herzen sich drehn,
auf Wieder-Immerwiedersehn!

Und da weist das Weib nieder: hell wie aus Ätherhöhn
spiegelt ein Ebbentümpel ihre Geberde –
zwei Menschen sehn den Himmel durch die Erde.

93

31.

Und sie schaukeln im Boot.
Die Nacht kommt. Sturm droht.
Die Wogen gehn hohl wie das Segeltuch.
Grell im Westen ringt noch und schwingt ein Streifen.
Die Möwen kreischen.
Der Mann stemmt sich hoch, visiert den Bug:

Zieh die Leine straffer! so! setz dich fest!
Hast du Furcht? Ja lache, dann tanzen die Böen!
Sahst du mich nicht im Traum einst so stehn,
über Herren mit Kronen, die Rechte ums Steuer gepresst.
Jetzt tut's die Linke! Horch: König Nord bläst zum Fest
wie auf meinen großen Heimatseen!
Sieh: das Grenzband drüben wird schon blasser.
Nun ruft er die Geister übers Wasser!
Holla! keine Geister, die jenseits hausen:
das sind Meine Geister, allseits brausen sie!
Da: die schäumenden Wonnen mit den sprühenden Haaren.
Da das tiefschwarze Wehe treibt sie zu Paaren,
von den grauen Sehnsüchten überrannt.
Bis die schimmernde Liebe alle hinreißt und außer sich spannt
und deinen trunknen Blick ins Weiteste lichtet:
da entspringt dir, vom Odem der Brünste entbrannt,
deine eigne Inbrunst zur Gestalt verdichtet
– halt ihr Stand! –
Denn: fühlst du selber dich Geist genug,
dann verschwindet der sinnliche Spuk:
übern Erdrand aus flüchtendem Wasserbogen
kommt die Kraft deines Ursprungs hochgezogen,

und du streckst deine Hand aus, von Toden umbellt,
und schreist in den Aufruhr: O Meine Welt!

Meine Welt – mein Traum! – o nicht einst – allerwegen
seh ich dich so! – stammelt, jubelt das Weib –:

Aus mir selbst – letzte Nacht – hoch durch stürzenden Regen –
mit mir selbst – ja, ein Geist – stieg dein lichter Leib:
Himmelfahrt! Ja, fahr zu! Ich fahr mit! allerwegen

Dein! – Zwei Menschen steuern dem Sturm entgegen.

32.

Und es tönt aus der Brandung wie Schalmein;
helle Nacht versilbert den fremden Strand.
Langsam wälzen die Wellen den Mondschein ans Land,
in die dunkelroten Kliffe hinein;
da stürzen sie sich die Stirnen ein,
um zurück immer wieder verklärt zu sein –

Es wollt eine Seele sich befrein,
sieh – entfaltet das Weib die Hände –
da ward Tod und Leben ihr zu Schein;
nur der Liebe ist kein Ende.
Ja: so sah es meine Seele im Traum:
es ging Deine Seele wie leuchtender Schaum
aus meinem Körper deinem entgegen.
Ich sah voll Angst, wie ihr doppelt standet:
Ein Haupt hell, Ein Haupt dunkel umströmt von Regen.
Bis ihr, Leib in Geist, ineinander euch fandet
und mich ergriffet. Da sprachst du ein Wort;
wie ein Wirbel klang es. Und über mich fort

stiegen wir, strömten wir lichtflutvermählt
hin in deine, meine, unsre Welt!

Es tönt aus der Brandung wie Geraun –
Horch – raunt der Mann – das Zauberwort:

Ja, es hieß wohl: WIR Welt! Nicht Schein! nicht Traum!
horch, wie's wirbst: WRWlt – o Urakkord!
WRWlt murmeln die Ströme, die großen,
wenn sie zusammenkommen im Meere!
WRWlt jubeln die Sternenchöre,
WRWlt die Stürme im Uferlosen!
WRWlt stammelten die Menschen, als sie noch reine
Tiere waren;
stammeln's wieder, alle wieder, die als reine Götter sich
        paaren
und mit Wellen und Mondlichtschleiern
spielend ihre Freiheit feiern,
die Freiheit, die voll Eintracht spricht:
o gib uns, Welt, Dein Gleichgewicht!

Es tönt aus der Brandung wie Gesang
um ein Menschenpaar im Überschwang.

33.

Und sie wirbeln im Tanz: glühend im Glanz
mächtiger Feuer bei heller Sonne, in Feiertagslust:
Männer und Weiber mit offner Brust,
mit brennenden Backen, stampfenden Hacken,
auf offner Tenne, um eine Tonne:
die paukt ein Fischer voller Wonne,
um die Wette

mit einem Hirten, der bläst Klarinette,
und fernher braust den Takt die See.
Und nun reihn sich rings die Kinder zur Kette.
Und es wogt ein Herz: Meine Flammenfee –

weißt noch? damals? unser Tanzen
zwischen den Modepuppen und Schranzen!
wie du mir wehrtest; nit erzählen –
wie du mich lehrtest; nit uns quälen –
und mich schürtest, wie einen Herd,
aus dem statt Wärme Feuerwerk sprang!

Und er schwingt sie derber die Tenne entlang,
unverwehrt;
singend schüren die Kinder den Feuerkreis.
Zur Sonne singend. Und in den Pausen
macht die See die Seelen erbrausen.
Das Weib lacht heiß;

WRWlt, Meiner! sei Kind! dann steigt
deine Fee herab von ihrem Stern.
O, sie hätt wohl längst von Herzen gern
vor Mann und Weib den Damen und Herrn
die Zähne und die Zunge gezeigt;
Seht, hier tanz'ich in selbstgestopften Strümpfen
und kann noch immer die Nase rümpfen!
ich habe seit Wochen nichts zu Tische
als Salz, Brot, Ziegenmilch und Fische!
aber bin Mutter Isis, die Herrin der Welt –
gelt, mein lieber Herr Gott: deine liebe Frau Welt!

Es braust die See; es braust ihr Blut.
Zwei Menschen jauchzen vor Übermut.

Und sie sehn sich schimmern, ruhend vom Bade.
Und schimmernd ruht das öde Gestade
im warmen Wind. Sie lauschen ihm nach:
lauschen, wie die Weiten sich rühren,
wie alle Tiefen zu Höhen führen –
wie die Möven zwischen den Wellen
schwimmend auf und nieder schnellen –
Und des Weibes Lächeln wird zur Sprache:

Lux, mein Leuchtender, wenn wir so liegen,
ich mit meinem schwarzen Windsbrauthaar,
du wie ein Flussgott der See entstiegen,
und jeder Wogenkamm bringt uns Liebreize dar,
und mir versinkt die letzte Schranke,
die zwischen Leib und Seele noch blieb,
denn dein kleinstes Härchen ist mir so lieb,
so wert wie dein größter Gedanke –
und ich denk an gestern und strahle vor Ehren,
dass ich dir Haar und Bart durfte scheren –
ach, und heut Nacht, du, hört'ich dich schnarchen
wie einen braven Patriarchen
und konnt nit lachen – Herr meines Lebens,
es war mir lieb als Äußerung Deines Lebens –
und ich sag dir dann mit fröhlichem Mut:
ich bin auch deinem Töchterchen gut –
und frag dann ohne ein Lächeln des Spottes:
bin ich nun reif zur Mutter Gottes,
zu jeder Lebensmeisterschaft
tauglich, tüchtig, tugendhaft –

Dann, mein himmlisches Freudenmädchen du,
– reckt sein narbiger Arm sie der Sonne zu –
dann sag'ich lachend ohne Spott:

wir Götter brauchen keinen Gott!

Er lässt sie thronen auf seinen Knien;
und sie, mitlachend, schaukelt ihn,
die Brüste zum Triumph gestrafft.
Zwei Menschen schwelgen in ihrer Kraft.

35.

Und es rauscht nur und glüht.
Es liegt eine Düne im schwülen Licht der Fernen.
Es füllt ein Geflimmer wie von keimenden Sternen
die stille Wildnis; das Sandmeer sprüht.
Es loht die hohle Hügelwand,
wie auf ewig vor Schatten behütet,
ein Nest, in dem der Himmel brütet.
Und der Mann wiegt das Weib im Mittagsbrand:

Aufgewacht, Seele, aufgewacht!
Wunderland liegt aufgetan!
In uns, Seele, da träumt die Nacht;
aber hier, ein Hauch meines Mundes macht
diese dürre Insel – ja, schau sie an –
zum Paradies und Kanaan,
wo Adam sündlos bei Eva ruht,
wo der Tag glüht wie unser Fleisch und Blut,
wo Alles Frucht ist am reinen Leib der Liebe,
selbst der Halm dort im Sandgetriebe,
selbst der Salzgeruch, der von der Küste

herquillt in deine braunen Brüste
und Milch aus deinem Mutterblut braut,
selbst deine honigwabengoldne Haut,
und deines Schoßes glückstrotzender Schwung,
und meiner Mannheit Verkörperung!
Und wenn die Seele noch so schreit;
sie führt zum Wahnsinn, diese Seligkeit:
dann, du, dann – er stammelt plötzlich, lauscht –

das Weib in Sonnetrunkenheit
jauchzt berauscht:

dann ist der Wahnsinn eben Seligkeit –

und fährt zusammen: ein Schatten fällt
in ihre nackte Glut herab
wie aus einer fremden Welt:
Sand rutscht, und übern Hügel tappt
ein Herr im Reisehut – oh Graus;
zwei Menschen lachen einen aus.

36.

Und bis in ihre Leuchtturmklause
sucht das Walten der Welt sie auf.
Unten pocht und schwebt im Dunkeln des Meeres Gebrause;
und den kleinen Tisch deckt bunt ein Haufen
Briefe aus aller Herren Ländern.
Der Mann steht lesend; das Weib spielt zaudernd
mit den abgerissenen Rändern.
Endlich sagt sie, wie planlos plaudernd:

Lux, ich glaube: könnten die Menschen erraten,
mit welcher Eintracht wir uns beglücken,

Ja, ich glaube, sie teilten unser Entzücken,
die selbst, denen wir Leides taten.
Denn gelt: auch Dir doch würd'es gelingen,
diesem Glück alles Andre zum Opfer zu bringen?

Er schweigt – sie sucht seinen Blick – ihr graut:
sein Mund bewegt sich, aber die bleichen
Lippen geben keinen Laut.
Er starrt auf ein Blatt mit seltsamen Zeichen.
Die Chiffern schwanken. Ihr dröhnt das Meer.
Fremd tönt seine Stimme zu ihr her:

Es hat eine Seele sich befreit –
ich hielt ihr Glück einst in Händen.
Ich versprach ihr lauter Seligkeit –
das ist nun alles zu Ende.
In williger Demut schien sie's zu dulden;
es war Stolz – stolz schwieg sie zu meinem Verschulden.
Ja: hier steht es von Helfershand geschrieben:
ich habe sie in den Tod getrieben.
Ich ließ die Verzweiflung über sie kommen.
Ich hab meinem Kind die Mutter genommen!
Verlangst du noch Opfer? – Ich glaube; nit!
Mir scheint, Mutter Isis; wir sind quitt.

Er setzt sich, sonderbar gelassen.
Unten schwebt und pocht im Dunkeln des Meeres Gebrause.
Stechend bebt das Licht der einsamen Klause.
Zwei Menschen suchen sich zu fassen.

Dritter Umkreis:
Die Klarheit

Eingang:

Schweb still, schweb still, triebseliger Geist, und dehne
dich über alle Kreise aus!
sieh: mit der Sehnsucht der gespannten Sehne
greifst du nun ein ins Weltgebraus.
Sie schnellt zurück, zurück zu ihrem Bogen,
berührt ihn, schwirrt noch, deckt ihn nie –
doch was sie musste, wirkte sie:
der Pfeil ist frei zum Ziel geflogen.
Such's nicht etwa bei Deinesgleichen,
sehne dich nicht in Dich zurück!
denn es gilt, o Mensch: das Glück,
oh das Weltglück zu erreichen.

1.

Zwei Menschen gehn durch nebelnassen Hain;
er fasst einen alten Friedhof ein.
Die feuchten Blätter hängen schwer herab,
so schwer, als möchten sie die Zweige brechen;
sie hängen um ein frisches Grab.
Ein Mann beginnt sich auszusprechen:

Nach diesen Trennungstagen,
die einen Andern aus mir machten,
will ich mein wahres Trachten
nicht länger halb im Dunkeln vor dir tragen.
Eh ich die Leiche liegen sah,
hatt ich den Traum, ihr stilles Antlitz trüge
den Mut der Tat zur Schau; der Traum war Lüge.
Ich sah in ihre zerlittenen Züge:
dem Wahnsinn schien die starre Maske nah.
Ich habe vor dem Anblick nicht gebebt;
da lag ein Herz, der Einsamkeit erlegen.
Ich stand und fühlte das Gesetz: wer lebt,
hilft töten, ob er will ob nicht.
Und aus dem gramvollen Gesicht
schlug kalt die Mahnung mir entgegen:
Keinen zu brauchen, gottgleich allein
williges Herz der Welt zu sein!

Er neigt sich, um die tropfenschweren
Blätter von sich abzuwehren.
Mitwehrend spricht ein Weib in ihn hinein:

Wie du gestanden hast an ihrer Bahre,
erkenn ich aus dem Büschel grauer Haare,
der früher nicht an deiner Schläfe drohte.
Wozu nun noch verstorbnes Leid auffrischen!
Das Leben wird dir's ebenso verwischen
wie hier dies Zeichen – sieh: ich geb's der Toten.

Sie legt ihre Hand wie segnend auf das Grab;
sie drückt sich tief im feuchten Erdreich ab,
ein Tropfen schimmert in dem schwarzen Ballen.
Zwei Menschen stehn, als sei ein Schwur gefallen.

2.

Durch hohe Pappeln fingert grell der Mond,
legt harte Schatten vor ein kleines Haus;
fern hockt der Großstadtdunst, glanzüberthront.
Zwei Menschen sinnen in die Nacht hinaus.
Der Dunst der Felder schleicht, das Mondlicht dämpfend.
Ein Weib sagt zögernd, mit sich kämpfend:

Die Frau, die du bestattet hast,
hat uns befreit von einer Last;
ich weiß ihr Dank! und will ihn offenbaren.
Wo ist ihr Kind? Dein Kind! – gib mir's bei Zeiten;
noch können wir's zu unserm Glück anleiten.
Was planst du immer wieder Heimlichkeiten!
soll's etwa so ein Freund dir aufbewahren?

Der Mann am Fenster blickt ins bleiche Land;
er wirrt in seinen grauen Schläfenhaaren.
Er spricht verhalten, abgewandt:

Vorläufig darfst du dir den Dank ersparen.
Auch wird kein Freund in deinem Glück dich stören;
die Tote wusste nichts von diesen Leuten.
Mein Kind wird meine Mutter mir verwahren;
ich schwieg nur, um dein freies Wort zu hören –
nun lass dir Eins dazu bedeuten:
Mir haben mehr als Eure beiden Seelen
ihr ganzes Glück geoffenbart;
in jeder schien ein Stück zu fehlen,
es lag in mir wie ausgespart.
Wohl band an Jene mich ihr Leidensfrieden,
wohl riss zu Dir mich deine Lebenslust,
doch immer blieb mir frei bewusst:
mir hat die Welt ein reicheres Glück beschieden.
Vielleicht entdeckst auch Du dies Glück bei Zeiten
und lernst mein Kind zu seinem Glück anleiten!

Er kehrt seine Stirn brüsk gegens Licht;
fern hockt der Großstadtdunst, glanzüberthront.
Sie lächelt eigen; er sieht es nicht.
Zwei Menschen blicken einsam in den Mond.

3.

Sonne lacht; die Stoppelfelder schimmern.
An verfärbten Blättern zupft der Wind,
Früchte lüpfend. Heimlich Leben spinnt
weiße Fäden; rings im Blauen flimmert's.
Scheinbar tändelnd hat ein Mann
einem Weibe solch ein zart Geflechte
um ihr schwarzes Haar gewunden –
nun streckt er seine narbige Rechte:

Was doch die Seele brav lernen kann,
hat's nur der Körper erst für gut befunden!
Kaum hab ich mir die eine Hand lahm geschunden
schon stellt sich meine Linke geschickter an
als je die Rechte! Selbst auf der Jagd:
wie hat mein Vater mich neulich ausgelacht,
als ich so schießen wollte – und dann:
keinen Fehlschuss tat ich beim Kesseltreiben!
Ich kann auch wieder heimlich schreiben;
falls dir's vielleicht mal zuviel Mühe macht,
Frau Fürstin, meine Sekretärin zu bleiben –

Leichthin hat er das Spinngewebe
wieder ihrem Haar entnommen,
leichthin hält er's in der Schwebe;
bis es wegschwebt, flimmernd, wehend.
Wie mit Willen nicht verstehend
sagt sie, nur ihr Atem geht beklommen:

Du tust sehr glücklich mit deinem Spiel.
Fast wie Gaukler, die sich schämen,
Lux, ein Unglück ernst zu nehmen.
Scheint diese Müh dir nicht zuviel? –
Doch den reichen Seelen
muss das Glück wohl fehlen,
das sie Andern zeigen als ein Ziel –

gelt? – Er schweigt. Rings lüpft der Wind
Früchte; heimlich Leben spinnt
weiße Fäden über Zaun und Dach.
Zwei Menschen schaun dem fliehenden Sommer nach.

4.

Abendröte ruht auf alten Wegen.
Stille Mühlen stehn im kahlen Land
wie gebannt;
hohe Bäume glühn der Nacht entgegen.
Wo der dämmergraue Park sich lichtet,
unweit einer Grabkapelle,
gehn zwei Menschen, Hand in Hand.
Und, als sei ein Streit geschlichtet,
weist ein Weib ins Freie, Helle:

Du musst nit meinen, ich sei so schicksalsblind,
dass ich am Himmel niemals Wolken seh.
Hier birgt noch jeder Strauch mein einsam Weh:
hier sahst du kalt auf mein getötetes Kind.
Jetzt aber, wo dein Leben mich durchrinnt,
so warm, als klopfe unter meinem Herzen
Dein Herz mit allen Wonnen, allen Schmerzen,
jetzt will ich kämpfen, bis ich vor dir steh
so lauter wie ein wolkenloser Tag.
Wer sind nun deine dunkeln Freunde? sag!

Abendröte ruht auf alten Wegen;
durch die glühenden Kiefernkronen
graut der Nacht ein fahles Haus entgegen,
hoch mit eisernem Balkone.
Ein Mann sagt willig, sagt mit Hohn:

So lass dir denn erwidern:
schon bist du selbst im Bunde.
Von allen seinen Gliedern

ist keins so reif wie Du zur Stunde.
Denn diesen Bund hat nur die Sehnsucht gestiftet,
nichts wider Willen mehr mitanzusehen.
Man darf sogar Verrat begehen;
das Schlimmste ist, man wird vielleicht vergiftet.
Es folgen Alle nur dem einen Satze:
dort, lieber Freund, scheint Ihre Kraft am Platze.

Abendröte ruht auf alten Wegen;
Wolken glühn zwei Menschen wirr entgegen.

5.

Morgennebel brodelt auf fernen Seen.
Gelbes Laub tanzt über abgemähte
Wiesen und zerfahrne Chausseen
zur Musik der Telegrafendrähte;
sturmbetroffen stockt ein Menschenpaar.
Jäh ist eine Wanderschaar
Schwalben durch die brausenden Pappeln
und die Drähte hingeschossen,
unbekümmert um die zerfetzten Genossen,
die im Grase abgestürzt zappeln.
Der Mann kürzt ihre Qual mit einigen Streichen.
Nun weist er auf die kleinen Leichen:

Ja, Mutter Isis: blick nur betroffen her!
kannst du noch fliegen, Seele? und allein!? –
Dein Auge hat sehr stolzen Schein –
dann ist es gut: dann brauchst du mich nicht mehr.
Zugvögeln gleich: da ziehn sie, planvoll verbunden,
und denkt doch keiner an Ich und Du!
schon sind sie, schau nur nach, im Nebel verschwunden,

von einer Heimat der andern zu –
zum jammervollsten Tod bereit
in ihrer Sehnsuchtsherrlichkeit –
komm weiter!

Er winkt in den Sturm, sein Stock zuckt wie ein Degen.
Da tritt das Weib ihm voll entgegen:

Lukas! Nun hast du deutlich genug gesprochen!
kennst du das Wort Selbstherrlichkeit?
Hältst du die Fürstin Lea für so gebrochen,
dass sie sich umsieht, was ihr Halt verleiht?
Nun will ich frei sein! frei auch vom letzten Band,
das mich noch fesselt an jene Welt der Gecken.
Frei, weil mir's ziemt; nicht Dir zum Unterpfand.
Dann biet' ich dir vielleicht die Helfershand.
Warum nicht früher, das wirst du bald entdecken.

Sie nimmt seinen Arm; sie sieht, er lächelt eigen.
Zwei Menschen fühlen, wie's stürmt, und schweigen.

6.

Trüber Tag und dunkle Ahnenbilder,
Gaslichtflammen, rostige Wappenschilder,
und hohe Spiegelwände. Und inmitten
stehn zwei Menschen mit höflich kühlen
Mienen neben den steifen Stühlen
und begrüßen einen Dritten.
Dieser nickt und sieht voll Schonung
und gelangweilt in die Welt.
Und nachdem man Platz gewählt,
sagt ein Weib mit merklicher Betonung:

Hoheit, ich danke für Ihr Entgegenkommen.
Und da Sie gütigst in die Scheidung willigen,
und da uns das Geschick den Erben genommen,
und um Verwickelungen zuvorzukommen,
möchte ich fragen, ob Sie's völlig billigen,
dass mir auch jetzt, das heißt nach Bruch der Ehe,
die Hälfte meiner Mitgift noch zustehe;
sonst will ich mich trotz meines Anspruchs verpflichten,
so weit wie möglich zu verzichten.

Jener wehrt mit gnädiger Bewegung;
hierauf hört man nur das Gaslicht raunen.
Und nach flüchtigem Erstaunen
nimmt ein Mann das Wort, fast mit Erregung.

Hoheit, auch mich verlangt es, Dank zu sagen –
ich leg' ihn nicht mit leeren Händen nieder;
hier bring' ich die Archivpapiere wieder,
die ich gewillt war zu unterschlagen.
Ich möchte aber nicht, dass Hoheit glauben,
ich sei aus Leichtsinn zu der Tat geschritten;
ich trat mein Amt an mit dem Zweck, zu rauben.
Ich möchte nur, dass Hoheit mir erlauben,
als Mensch den Menschen um Verzeihung zu bitten.

Er legt errötend ein Bündel auf den Tisch;
Jener wehrt, als ob er Staub wegfächelt.
Wieder hört man nur das Gasgezisch.
Zwei Menschen glühen; der dritte lächelt.

7.

Ein Stübchen schwimmt voll Zigarettenduft;
zwei Menschen hauchen Ringe in die Luft.
Immer umwölkter blickt und sinnt der Mann
das Weib an:
ihren herrischen Wuchs, ihr sorgsam schlicht Gewand,
ihr schwer zu glättendes Haar, die große Hand,
den kühnen Hals, das sanft geschwungene Kinn –
Endlich wirft er gezwungen hin:

Du hast es äußerst talentvoll angestellt,
dich mir als reiche Frau zu entpuppen;
ich hoffe, dass mir's immer öfter wie Schuppen
von den verliebten Augen fällt.
Ich bin dir dankbar für das charmant posierte
Schauspiel der Armut, das du mir geboten;
beinah so dankbar wie der Toten,
die mir zu Liebe Demut simulierte.
Nur glaube nicht, mit allerhand geschickten
Künsten sei Klarheit zu erzielen;
im Leben führt das Rollespielen
zu arg verwirrenden Konflikten.
Da wird die Wahrheit denn statt Ziel
ein offenherzig Lügenspiel.

Sein Blick wird schärfer; sie hält ihn aus.
Sie scheucht den Rauch weg, sie sagt klar heraus:

Wundert dich das, du freier Mann?
Du wolltest doch, ich sollt dir zeigen,
ob ich verstünde, planvoll zu schweigen;

111

du schuldigst deine eignen Künste an!
Was unterschied mich denn von einer Dirne,
bevor ich glauben durfte, wir sind Eins?
Der Schutz des Reichtums! nicht des schönen Scheins:
ich biete aller Welt die Stirne.
Die Tote aber lehre uns fürs Leben:
nur volles Selbstgefühl kann voll sich selbst hingeben!

Sie blickt ins Freie; er hat die Augen geschlossen.
Zwei Menschen sitzen rauchumflossen.

8.

Die Georginen schütteln sich im Wind;
gefallnes Obst liegt auf den Gartensteigen.
Am Straßenzaun steht scheu ein armes Kind
unter den brausenden Pappelzweigen
vor einer Frau; sie schenkt ihm von den Früchten.
Selig rennt's weg, als müsst es flüchten.
Sie tritt zu einem Mann, sie sagt gelind:

Jetzt stand gewiss dein Töchterchen vor dir,
ob ich wohl reif sei, ihm zuzureden
zu seinem Glück – o glaube mir:
ein rechtes Kind vergisst für jeden
Apfel den ganzen Garten Eden,
drum ist es glücklicher als wir.
Wir schwelgen ewig im Geist und putzen
zu Vorbildern einander aus,
Einbildung träumt von ihrem Nutzen,
bis wir verdutzt im Lebensbraus
zum Sinn des alten Gebotes erwachen:
du sollst dir kein Bildnis noch Gleichnis machen!

Statt uns getrost an allen neuen
Reizen wie Götter frei zu freuen –

Ein fallender Apfel macht sie stocken.
Er liegt zerplatzt. Der Mann sagt trocken:

Du hast sehr reizend gepredigt – aber
mich sticht nicht mehr der Götterhaber.
Im Geist zwar geht's schön glatt vom Fleck
auf dem beliebten hohen Pferde;
aber der Leib liebt halt die Erde,
und eh man's denkt, liegt man plattweg
– pardon – im Dreck.
Bis wir nicht lenkbare Luftschiffe bauen,
wohnen wir nicht auf Wolkenauen;
inzwischen zeigt uns jeder Kinderdrachen,
der Mensch muss Alles zum Gleichnis machen.

Die Georginen schütteln sich im Wind;
zwei Menschen spüren, der Herbst beginnt.

9.

Die Sonnenblumen beugen sich im Regen;
zuweilen rauscht's vom Dach wie Geisterklopfen.
Der wilde Wein hängt schlaff dem Sand entgegen,
die roten Blätter scheinen Blut zu tropfen.
Der Mann steht trommelnd an der Fensterscheibe.
Plötzlich sagt er zu dem Weibe:

Ich will dir einen Traum erzählen.
Wir standen feierlich in einem Saal,
als sollten wir vor Zeugen uns vermählen.
Ich hielt und bot dir einen vollen Pokal,

um durch den Trunk den Trauschwur zu besiegeln.
Mit einem Mal
seh ich tief unten in dem dunkeln Wein,
wie hoch von oben her, vollkommen rein
ein lächelndes Gesicht sich spiegeln:
die Tote lebt. Sie schwebt. Sie lächelt wieder.
Sie nimmt ein Fläschchen Gift aus ihrem Mieder.
Sie träufelt es in unser Kelchglas nieder.
Und ich: ich lächle mit – und lass dich trinken –
und trinke selbst – mir weiten sich die Glieder –
und fühle fern mich in die Welt versinken.

Und ich – beginnt das Weib zu überlegen
und starrt abwesend in den rauschenden Regen –

ich stand heute Nacht allein im Traum;
ich war ein leuchtender Schneeglöckchenbaum.
Aber fern kam furchtbar ein Funkeln an,
als wollt's mich zerstören: ein sturmgesträubter Tann,
ein Wald wilder Lichter, braungolden, grün, blau,
wie ein riesenhaft sich spreizender Pfau,
und mir geht's bis ins Mark, so eilt das Ungeheuer.
Da wird aus mir ein einziges Blütenfeuer;
von weißen Flammen stiebt die ganze Au
und flammt frei hoch mit mir, hoch, immer freier –
und unten prasselt der verbrennende Pfau!

Und wieder rauscht's vom Dach wie Geisterklopfen.
Zwei Menschen hören's tropfen und tropfen.

10.

Licht kämpft mit Wolken über Forst und See.
Durchs Wasser jagen Schatten, wie Kentauern
aufbäumend an den düstern Kiefernmauern,
die rings im Bodenlosen schauern;
durchs Uferdickicht rauscht ein flüchtendes Reh.
Zwei Menschen treten aus der Waldesruh.
Innig schaut ein Weib dem Lichtkampf zu:

Ich fange an, dein märkisches Land zu lieben;
es liegt wie wartend, was der Himmel bringt.
Und wenn ich seh, wie dort die Winde stieben
und hier die Stille mit sich selber ringt,
und wie sich all die Sehnsucht nach dem Licht,
die aus dem grauen Wasserspiegel bricht,
paart mit der Sehnsucht in die Nacht
des Weltenschoßes, drin die Sonne wacht,
und selbst die Bäume beben, als ob sie ringen
den Umschwung der Gestirne mitzuschwingen:
dann geht mir auf, was uns ans Leben bannt
und doch uns lockt, dem Tod anheimzufallen,
und immer freier streckt sich meine Hand
nach deinen Freunden, nach den Menschen allen.

Und gleißend öffnet sich ein Wolkenspalt;
den See durchfährt ein schlangenhaftes Blenden,
hinschillernd an den starren Kiefernwänden,
die rings ins Bodenlose enden –
ein Mann sagt kalt:

Jawohl, es ist im Himmel wie auf Erden.
Was sich noch unfrei fühlt, das sehnt sich frei
und möchte immer freier werden;
für mich ist dies Gelüst vorbei.
Ich lernte meine Sehnsucht stillen;
ich bin so gotteins mit der Welt,
dass nicht ein Sperling wider meinen Willen
vom Dache fällt.

Grell greift ein Sonnenstrahl ins Waldesgrauen;
zwei Menschen müssen zu Boden schauen.

11.

Die Nacht der Großstadt scheint ins Land zu wogen:
Laternen lauern bleich den Fluss entlang.
Gleich trunknen Nixen zucken schwank
die Widerscheine unterm Brückenbogen,
vom Takt der Strömung hin und her gezogen;
zwei Menschen bleiben stehn am Uferhang.
Ein Mann, wie von dem Zerrspiel mitgezwungen,
weckt schwanke Erinnerungen:

Ellewelline tanzt Serpentine –
oh, wie war der Maitag wunderbar!
als der Herr Eidechs im Sonnenschein erwarmte,
als ich im Weibe noch die Welt umarmte;
da hatt ich noch kein graues Haar.
Da hatt ich blaue Himmelschuh an,
und war ein schön feuriger Reitersmann;
jetzt zieh ich durch die Nacht im Hundetrott.
Und könnt doch spornstreichs, wie rüstige Witwer dürfen,

aus »allen neuen Reizen« Freude schlürfen –
gelt, Fürstin – freier als ein Gott!

Er lacht. Er lacht sie an. Sie rührt sich nicht.
Es zuckt wie buhlend in den Wassergrüften.
Sie will's nicht sehn – wegblicken – Nein, nicht – o
Licht:
heilig strömt's über – sie flammt, sie spricht,
schauernd bis in die schwangern Hüften:

Ich bin nicht mehr Fürstin! ich bin dein Weib!
ich trage dein Blut in meinem Leib!
Du wirst Mein bleiben! du wirst mich nicht schänden!
du hast mein nacktes Leben in Händen!
Das ist die tötlichste Schmach für ein Weib,
verschmäht ein Mann ihren willigen Leib!
Das war's, was Jene zum Äußersten trieb;
was ihr nicht ahntet, wie Wir jetzt, Wir –
drum gingst du pflichtlos, schuldlos von ihr.
Mich aber hast du blutpflichtig lieb!

Sie zittert; sie will seine Hände fassen.
Er starrt; er wehrt ihr. Zwei Menschen erblassen.

12.

Der Mond erleuchtet scheu ein kleines Zimmer;
das Licht durchranken Schatten, viele, viele.
Ein Mann umschreitet schweigend, wie zum Spiele,
die schwarzen Fensterkreuze auf der Diele.
Doch nun, als löse sich ein Blatt vom Stiele,
bebt eines Weibes Stimme durch den Schimmer:

Ich trag ein Kind – von Dir, von Dir –
ich tu meine Wonne auf vor dir –
o trag sie mit mir! gemeinsam! grenzenlos!
Du musst ja; fühl's doch! ich weiß es und ich sag'es
mit jedem Pulsschlag sagt mir's Herz und Schoß:
Wir Beide, wir sind Eines Schlages!
Was quälst du uns! o denk an die Nacht zurück,
als sich's erfüllte, dein Weisheitswort vom Glück!
Ja: alle Torheit, alles Leid
sind Ausgeburt der Einsamkeit.

Die Stimme schweigt; der Raum schweigt mit, wie leidend.
Die Fensterkreuze flehn ins kahle Feld;
doch drüber schwebt die fremde fahle Welt.
Der Mann sagt schneidend:

Oh, ich denke an viele Nächte zurück;
jede war voll Wonne – doch Glück? ist Das Glück?
Dein Schoß, ich hab ihn nicht erschlossen:
ein Andrer hatte ihn vor mir genossen.
Und dein Herz – ich wollt mich nicht danach fragen,
aber wieder und wieder musst ich mir sagen:
die reinste Glückseligkeit zwischen uns Beiden
ist die zwischen Heiden –
und dass dein Leib dir nicht heilig gewesen ist,
Das zu vergessen vermag nur ein Christ!

Er stiert plötzlich: es war, als flog
jäh ein Glanz hoch, überirdisch schlank.
Da macht's ihn aufschrein: Lea! – sie wankt –
will fliehn – Er – Licht, Schatten, Alles schwankt –
schwankt Herz an Herz ihr: ich log, ich log!
Zwei Menschen weinen – o Glück! – Dank – Dank –

13.

Nun krümmt das welke Laub sich sacht zum Falle;
nun bringt's die lange verhüllten Früchte alle
in Feld und Garten voll zu Ehren.
Die Eberesche schwenkt die hundert schweren
hochroten Büschel kühn vorm Ziegeldache.
Nur des Hollunders purpurschwarze Beeren
betrauern sich am dunkelgrünen Bache,
zu dem sie lastend niederschwellen.
Ein Mann verfolgt die Bilder in den Wellen:

Eins greift ins andre – keins ruht – nichts ruht –
o hilf ein Ziel sehn! – wie's lockt, wie's warnt, dies Drängen!
Es bringt kein Glück, du, still Brust an Brust zu hängen;
so trieb's die Tote – das fraß an ihrem Blut.
Ich war ihr Vampir. Du wirst der meine,
wenn ich noch länger in dir ruh.
Schon immer bannender werfen Deine
Augen mir ihre Blicke zu.
Dann kreist die Welt mir, als will sie mich befreien,
als sind auch Wir nur einsam zu Zweien.

Im dunkeln Wasser kreist Bild in Bild.
Er fasst das Weib an, wie innerst aus den Gleisen.
Sie neigt sich zu ihm, muttermild:

Du Ungestümer – so lass die Welt doch kreisen –
sie kreist durch mich wie dich; was wehrst du ihr!
Bald wirst du dankbar das Wunder preisen,
dass dir die Tote aufersteht in mir.
O Du! wie lag ich einst voll Grauen,

vom Geist der Unterwelt durchwütet;
da lehrtest Du mich, ihm vertrauen,
der Lust wie Leid zur Reife brütet.
Nun sieh, wie dort ums Dach die Früchte lachen,
rot uns ins Herz, still wirkende Gebote!
Heute fühlst du nur das Rote;
morgen wirst du froh erwachen.

Leis umweht ihr Haar ihm Bart und Wangen.
Zwei Menschen sehn die Welt gen Himmel prangen.

14.

Doch bei Halblicht, grau um etwas Dunkles,
hocken Menschen in einem Raum, der dumpf ist,
wie Kaninchen um eine Schlange.
Denn da lässt von allen möglichen Geistern
ein berühmtes Medium sich bemeistern,
und man lauscht ihm immer neugierbanger.
Und nun zuckt die Schlafende, wimmert, röchelt;
und ein Weib, das eben stolz noch lächelte,
rauscht zum Saal hinaus, blass, fliehend,
hastig einen Mann mitziehend.
Draußen, tief ausatmend, haucht sie glühend:

Empörend – schamlos – diese entmenschten Augen!
Nun weiß ich, dass ich nicht zum Vampir tauge;
verzeih mein Bitten, dies Schauspiel zu besehn!
Erniedrigend! Noch fühl ich mein Herz mitpochen
mit diesem Weibsbild, als könnt's mich unterjochen –

und Dich? Auch? Sprich doch! – Sie späht ihn an im
    Gehn;
um sie braust die Weltstadt, zur Nacht auf, lichtdurch
    brochen.
Mich? fragt er ruhig und bleibt hell stehn:

Was schiert mich diese feile Verzückte,
was diese geflissentlich Verrückten,
die wichtig tun mit dem Geschäfte,
den überirdischen Geist zu fassen,
um dann vom Dunst der irdischen Säfte
ihr bisschen Geist noch benebeln zu lassen.
Hol sie der Teufel, die hirnschwachen Tröpfe,
die mit dem Anspruch gottgleicher Geschöpfe
vor lauter Tiefsinn danach gieren,
zurückzukehren zu den Tieren!
Ein Pferd, das Nachts die Ohren spitzt,
wo Wir, die's lenken, froh sind Nichts zu hören,
weiß mehr von derlei Geisterchören
als solch ein Mensch, das Od ausschwitzt.
Komm, fasse dich! Das Unfassbare
bedeutet nur; bring Dich ins Klare!

Zwei Menschen schreiten weiter, lichtumblitzt.

15.

Windfackeln lodern. Rot rauschen die Bäume
um scharrende Pferde, bunt blinkernde Zäume;
hoch leuchten die Blätter in die Umnachtung.
Hoch Wimpel und Seile! und drüber die Sterne!
so zeigen die fahrenden Leute gerne
die Künste ihrer Todesverachtung.

121

Froh staunt das Dorfvolk unten im Kreise.
Abseits lehnt ein Paar. Ein Mann rühmt leise:

Ja, sie tun mir wohl, diese Vogelfreien,
mit ihrer Geistesgegenwart.
Als ob eine uralte Mannszucht sie feie:
jeder Griff bedacht, zielbedacht, willenshart.
Nur auf sich bedacht – klar im Wirbel des Traums
der Mitgefühle: nur die Tat gilt, die Tat!
So üben sie auf schwankem Draht,
im Flitter der Armut Beherrscher des Raums,
die großen Tugenden der Zeit:
Gefasstheit und Gelassenheit!

Und erregt, als ob er mitschwingen möchte,
umspannt sein Blick ihr Spiel immer funkelnder.
Und des Weibes Blick schwankt immer verdunkelter.
Heftig fasst sie seine vernarbte Rechte:

Lux! was schwärmst du! – Scheinen dir Deine Ziele
auf einmal nur noch Träume und Spiele?
bin Ich's, die dein Gefühl entzweit?
Ich denke anders von deinen Handlungen!
Mir winkte strahlend aus all deinen Wandlungen
die große Tugend der Ewigkeit:
die Kraft, den Willen der Welt zu fassen
und Nichts, rein Nichts beim Alten zu lassen!
Und da ist mein Stern still dem deinen genaht:
wie du mich fühlst, ist das nicht meine Tat?!

Und da schmettern Trompeten und Trommelton,
und das Volk klatscht Beifall den kühnen Springern;

und sie bitten stolz um den kleinen Lohn.
Zwei Menschen geben mit hastigen Fingern.

16.

Rauch und Funken flüstern im Kamin:
Unruh ist, wo Feuergeister hausen,
Unruh, wo die kühlen Wolken ziehn –
horch, die halbentlaubten Pappeln brausen.
Horch – da legt sich das Gemurr der Flammen:
ein Weib nimmt all ihr Selbstgefühl zusammen:

Mir sagt der Geist, wir wollen Ruhe haben!
Und sperr ich dir den Weg zur Tat, nun gut:
du sollst nicht sagen, ich sei dein Wankelmut:
geh hin, sei frei! und nimm mein Hab und Gut
in deinen Dienst wie andre Freundesgaben! –
Was stehst du nun und staunst mich lächelnd an?
Lukas! – welch Rätsel bist du, Mann –

Sie will in seinen Augen lesen;
es blaut ein Glanz darin wie nie zuvor.
Die Flammen geistern hell und laut empor.
Ein Mann bekennt sein stillstes Wesen:

Ja, staun ihn an, den Mann – hier steht er, lacht,
der einst mit furchtbar heiligem Ernst gedacht:
ich bin bös gut, ich bin ein Geist,
an dem die Überlebten sterben,
verführt von ihm, sich vollends zu verderben,
damit der Weltlauf schneller kreist –
so macht sich der gebrechlichste Verbrecher
im Handumdrehn zum Richter und zum Rächer,

bis ihn die Welt in seine Schranken weist.
Das war's; drum hatt'ich Helfershelfer von Nöten.
Drum steh ich jetzt und beichte mit Erröten:
gewichtige Mittel zu nichtigen Zwecken,
das ist die Taktik der Gaukler und Gecken –
ein einzig Fünkchen neue Tugend wecken
frommt mehr, als tausend alte Sünder töten.
Und bist du jetzt noch mein mit Hab und Gut,
dann, Fünkchen, hei: hell lacht die Glut!

Die Flammen murmeln eine Wunder-Erzählung;
zwei Geister feiern ihre Vermählung.

17.

Und sie staunen ins Land: es atmet Glanz ohne Ende.
Mittagsnebel wandern und weiten alle Grenzen;
aus jedem der tausend Schleier scheint die Sonne zu glänzen.
Und der Mann berührt des Weibes gefaltete Hände:

Also morgen geh ich uns mein Töchterchen holen.
Du wirst dich wundern, Lea – vielleicht auch nicht:
sie wird dein Ebenbild – Gang, Haltung, Gesicht –
trotzdem sie blond ist wie ein Goldfuchsfohlen.
Ja, Meine, du hast mir schon im Geist geschlafen,
bevor sich unsre wachen beiden Körper trafen;
und nun begreifst du wohl mein Mannesbangen.
Der Geist, der Alles antreibt, in Eins zu gehören,
der strebt das Einzelgeschöpf zu zerstören;
denk, wie wir todeslüstern am Meer uns umschlangen!
Da jauchzten wir den irresten Lebenstrieben;
da hätte die Liebesgier uns aufgerieben,
hätt ich nicht Botschaft von der Toten empfangen.

Jetzt seh ich dort die Nebelgeister walten
und freu mich unsrer festeren Gestalten.

Es wogt; und blass, wie ferne Inseln, erscheinen
die Wälder durch die leuchtend wehenden Falten.
Das Weib legt schwer die Hände in die seinen:

So lass uns denn den Leib recht heilig halten;
die Seele weiß sich schon allein zu frommen.
Mir ahnt ohnehin, uns wird von deinen alten
Geistesfreunden noch Unheil kommen.
Nimm's nicht für Furcht! O, umso stolzer bin ich,
dass du nicht loskonntest von mir.
Und umso demutwilliger weiß ich innig,
dass ich nicht lassen kann von Dir.
Und so, leibhaftig, ist dein Kind auch mein;
ich will ihm eine Mutter sein.
als hätt's in meinem Schoß geruht,
es ist ja Blut von Deinem Blut.

Und blass und blasser wehn die Nebel ins Leere.
Zwei Seelen segnen ihre Erdenschwere.

18.

Doch funkeln Sterne wie von je.
Der Nachtwind irrt ums Haus mit Sehnsuchtsrufen
und rüttelt an den morschgewordenen Stufen;
die Pappeln brausen wie die See.
Ergriffen lauscht das Weib den hohen Bäumen,
ein Mädchenseelchen ruht vor ihr in Träumen;
sie dämpft besorgt das Lampenlicht.
Sie tritt ans Fenster zu dem Mann. Sie spricht:

Lukas – wir müssen nun wohl streben,
dem kommenden Geschlecht zu leben.
Wenn meine schwere Stunde naht,
dann ist kein Raum hier. Noch kann ich reisen,
und – gelt? uns wird auf jedem Pfad
das Wunder der Ehe sich neu erweisen,
beim alleroffenherzigsten Treiben
uns doch ein reizend Geheimnis zu bleiben –
und drum; frei heraus, Lux; ich möcht, wir fahren
nach den Inseln, wo wir selig waren!
Da kann keine fremde Hand uns hindern,
ein Paradies zu bauen mit unsern Kindern.
Und deine alten Eltern, so sehr sie jetzt grollen,
ich glaube, dann werden sie mitbauen wollen.

Die Sterne funkeln wie von je.
Der Nachtwind rauscht ums Haus wie Wogenrollen.
Der Mann blickt lächelnd auf die dunkle Chaussee.

Und wenn die alten Eltern nun niemals wollen?
kannst du die Welt zu Deinem Glück bekehren?
Willst du den kommenden Geschlechtern lehren,
man brauche Inseln, um selig zu sein?
Ja, komm, wir reisen! hoch steht dein Schloss am Rhein!
Da rauscht das Leben rings kreuz und quer,
an dem alles Menschenstreben sich misst!
Wer in der weiten Welt nicht selig ist,
der wird's auf einer Insel nimmermehr!

Und da; da dehnt ein Hauch den engen Raum –
zwei Menschen sehn; ein Kind lächelt im Traum.

19.

Und es glänzt ein Strom im Tal; Rebhügel steigen
von kleinen Städten zu Berg und Burg empor.
Herbstfeierlich in letzter Prunksucht umzweigen
die Wälder sie mit hundertfarbigem Flor.
Am Schlossteich spielt ein Kind im Sonnenschein
und schmückt sich mit den sterbebunten Blättern;
ihr goldrot Haar huscht durch den alten Hain –

husch – lacht der Mann – gleich wird's ein Eichkätzchen sein
und über uns im Efeu klettern.
Und der Himmel, schau, wie hochzeitsblau!
ich wollt am liebsten, wir gingen Beide
in edlem Sammet und lautrer Seide,
wie deine Ahnen einst hier schritten.
Wir dürften's wagen, aus diesem Freiherrnbau
die Toten alle heraufzubitten
zur Feier der Freiheit, die Unsern Bund umschwebt.
Vivat, ihr Herrn! wie schwarz das Grab auch nachtet,
Erinnerung schimmert, und wer's recht betrachtet,
der hat das Leben hundertmal gelebt;
hier soll der Odem eines Glückes wehn,
das Macht hat, tausend Tode zu bestehn!

Das Weib lächelt; sie hat das Wappen besehn,
das unterm Efeu nistet überm Tor.
Sie weist empor:

Schau dort: da lugt dasselbe Glück hervor:
für diesen Sternschild hat manch Herz gelodert,
das einst die Welt zu stürmen sich verschwor,

127

und das jetzt unter unsern Füßen modert.
O Lux, hier rührt mich jeder Strauch und Baum,
und jeder raunt mir doch: die Welt ist Traum.
Nur Du, du bist wie ich so wirklich mir;
du lebst, du leibst, du liebst mit mir.

Da raschelt's. Blätter flattern; durchs Buschwerk schlüpft
das Kind, den Lockenkopf umrankt mit Reben.
Bin ich nicht schön?! jubelt's und hüpft es.
Zwei Menschen öffnen beide Arme dem Leben.

20.

Und Kerzen schimmern; und still ins Schlafgemach
dürfen die Träume Ewigen Lebens treten.
Rings im gebräunten Schnitzwerk beten
Engel aus Erz und hüten immerwach
die Sterne auf den silberblauen Tapeten.
Die hohen Spiegel stehn gleich Lichtportalen,
aus denen, in verklärte Schatten getaucht,
die Leiber zweier seliger Geister strahlen –
das Weib haucht:

Bin ich nicht schön? O wie das liebreizend klang,
als unser Eichkätzchen so vor uns sprang;
ich sah uns nackt vor Gott in Wonne stehn –
wie jetzt. O Meiner! Uns hat mit Urgewalt
das Meer getraut! Und diese Muttergestalt,
nicht wahr, du kannst sie fromm beschauen
wie Meister Dürers benedeiete Frauen,
und sie darf jubeln: in Himmelshöhn
brennt keine Scham mehr! – sag: Bin ich noch schön? –

128

Die Schatten beben; die Kerzenflammen wehn.
Es flimmern Menschensterne rings im Blauen.
Des Mannes Blick scheint über weite Auen
hinzugehn:

Als du auf wildem Meer mit mir
wogtest im Boot, sahst weg von mir,
sahst unter uns das Grab hinschwanken
und über uns den grauen Himmel wanken
und bebtest nicht – da warst du schön.
Jetzt aber, hier, vor diesem klaren Spiegel,
wo jeder deiner Makel mir ein Siegel
auf meine eignen Hässlichkeiten drückt,
und siehst mich an und fühlst nun, wie wir rangen,
bis wir das wüste Element bezwangen,
und bebst beglückt –
oh Du, jetzt sind wir mehr als schön!

Es schimmern Erzengel aus Lichtportalen.
Zwei Menschen strahlen.

21.

Und Kerzen wehn noch in den hellen Tag;
entzückte Lippen glühn, verschämte Wangen.
Geburtstagsblumensträuße prangen.
Das Kind hat seinen Glückwunsch aufgesagt;
nun darf's mit Gärtnersmann und Magd
und mit dem riesigen Rosinenkuchen
wohlgemut das Weite suchen.
Und während draußen Tanz und Trubel lacht,
nimmt zart der Mann des Weibes Blick gefangen:

Komm, Seele – weißt du noch? heut jährt sich's grad,
als ich, ein Lohnmensch, vor dich trat
und deinen Blick empfing, der Ketten sprengte.
Und nun, in diesem freien Turmgemach,
an diesem lichterloh gekrönten Tag,
der dir und mir dein Leben schenkte,
der jedes Wort belebt zum Dankausruf,
dass uns die Welt zu denkenden Wesen schuf,
dass wir uns nicht mehr dumpf im Urnebel drehn,
dass wir zu weinen und zu lachen verstehn,
nicht mehr in Sümpfen uns ungetümlich plagend,
nicht mehr wie Brüllaffen mondsüchtig klagend,
auch nicht mehr wie solch Kindlein handelnd,
das sich, von jeder Laune betört,
sein eignes Himmelreich verstört –
wir, Adam und Eva, gen Eden wandelnd: –
Komm –: Siehst du dort den Schieferberg im Tann?
da ließ dein Ururahn sechs Knechte henken!
Willst du mir diesen kahlen Berg heut schenken,
der hundert freie Menschen nähren kann,
wenn wir sie mitmenschlich zum Werk anlenken?!

Sie blickt den Berg, sie blickt den Himmel an:
er scheint sich in ein Zukunftsland zu senken.
Sie blickt zu Tal, wie übermannt vom Denken –

sie lacht: hab Dank, mein Herr und Lehensmann!

Und talher prangt voll Sonnengold der Fluss.
Zwei Menschen tauschen einen Festtagskuss.

22.

Und eine Mondverfinsterung beginnt;
den blanken Ball beschleicht ein scharfer Schatten.
Der Schatten schwillt und macht mit seinem matten
Erdschwarz den Himmelskörper blind.
Der kahle Burghain steht um Turm und Erker
wie ein Gespensterschwarm um einen Kerker.
Das Weib sinnt:

Es hat eine Seele sich befreit:
sie band sich selber die Hände.
Da kam die Ruhe: Nun bist du gefeit.
Ich halt dich umfangen wie Raum und Zeit:
unser Band hat nicht Anfang noch Ende.
Nun seh ich ohne Sehnen und Bangen
um unsre Sterne das ewige Dunkel hangen;
wir wissen ungeblendet heimzufinden.
Und selbst der Mond, der alte Bösewicht
mit seinem unheimlich geborgten Licht,
kann uns das Sonnenband nicht mehr entwinden.

Im Mond der Schatten schwillt und schwillt;
im dunkeln Weltraum blinkt immer befreiter
das Licht, das von den Sternen quillt.
Der Mann sinnt weiter:

Und man erkennt: Verbindlichkeit ist Leben,
und Jeder lebt so völlig, wie er liebt:
die Seele will, was sie erfüllt, hingeben,
damit die Welt ihr neue Fülle gibt.
Dann wirst du Gott im menschlichen Gewühle

und sagst zu mir, der dich umfangen hält:
du bist mir nur ein Stück der Welt,
der ich mich ganz verbunden fühle.
Bei Tag, bei Nacht umschlingt uns wie ein Schatten
im kleinsten Kreis die große Pflicht:
wir Alle leben von geborgtem Licht
und müssen diese Schuld zurückerstatten.

Im Mond der Schatten schickt sich an zu weichen;
zwei Menschen sehn den Himmel voller Zeichen.

23.

Und immer kühner greift der Morgenwind
durch Wolken in die nebelvollen Täler;
die Wolken flüchten immer schneller,
die Nebel eilen stromgeschwind.
Von Berg zu Berg wehn breite Sonnensträhnen.
Der Mann steht auf von Rechnungen und Plänen:

Sieh, jetzt im Zwielicht kannst du deutlich sehn,
wie mächtig unser Zukunftsland sich streckt;
wenn wir im Frühjahr an den Schachtbau gehn,
ist schon zum Herbst das Lager aufgedeckt.
Dann soll mein Grubenvölkchen bald verstehn,
dass freies Land noch freiere Leute heckt,
auch ohne die »soziale Republik«;
und unsern Kindern wird ein Licht aufgehn,
wozu sich da vom Schornstein der Fabrik
die Rauchfahne der Arbeit reckt,
wenn hier zum Turm her Sonntags längs des Flusses
von Hütte zu Hütte aus allen Höhn
die bunten Wimpel des Genusses

um dein Sternenbanner wehn!
Gelt, das wird schön? und mehr als schön!

Er legt beide Fäuste auf seine Pläne.
Die Nebel eilen stromgeschwind.
Die Sonne streift mit ihrer Strahlenmähne
die kleinen Städte unten, Schiffe, Kähne.
Mit strahlt das Weib, hell lacht der Wind;

Es wird! Wo kreisend die Sterne sich rühren,
da greift jeder Bannkreis in andre ein!
Und wenn's statt Hundert nur ein Dutzend spüren,
dann wird das Dutzend unermesslich sein!
Und mitgebannt mit dir in alle Sphären,
o Welt, ich helf dir Freiheit gebären!

Sie lehnt sich an ihn muttergroß.
Die Berge schwellen im Morgenduft.
Es ragt sein Haupt, es wogt ihr Schoß.
Zwei Menschen schaun wie Götter in die Luft.

24.

Doch erdschwer stockt die weiche Luft und lässt
noch manch verblichnes Blatt zu Boden schauern;
der alte Hain steht bis ins Mark durchnässt,
der Nebel trieft vom Moos der Mauern.
Das Weib, die Hände unters Herz gepresst.
unterdrückt ein fröstelnd Trauern:

Du meinst, du hast mehr Willen als ein Baum?
Und lernte nun dein eigen Kind uns hassen
mit unserm herrischen Freiheitstraum?
Lux – unser Eichkätzchen – dir zeigt sie's kaum –

weiß sich vor Heimweh nit mehr zu lassen!
Ich hätt's im zehnten Jahr auch schlecht ertragen,
so jählings in ein ander Land verschlagen;
wir aber können allerorten bestehn.
Du kannst jedwedem Erdfleck Zukunft spenden;
und halt ich erst mein Mutterglück in Händen,
dann lass uns heim in Deine Heimat gehn!

Sie sieht, er nickt – schwer, ohne aufzusehn;
er streicht den grauen Fleck in seinen Haaren –

Meinst du, mir sei dies Leid nie widerfahren?
Bei deinen Worten hört'ich fern am Rhin
die Schnitter ihre Sensen dengeln
und sah zum Hammerschlag gleich Engeln
die Nebel durch die Haide ziehn.
Ich lief vor Heimweh noch mit fünfzehn Jahren
fünf Meilen weit in einer Nacht nach Haus.
Da, Morgens, trat mein Vater zur Tür heraus:
Du?? Marsch, zurück! – Und da – ich hab's halt müssen –
da lernt'ich zähneknirschend mit wunden Füßen
in jedem Straßenbaum die Heimat grüßen;
und so – so muss auch mein Kind durch die Welt!
Ihr kleiner Wille möge sich nur bäumen;
dann wird sie einst wie Wir so herrisch träumen,
so frei von Weiberlaunen – gelt?!

Er sieht, sie nickt – sie atmet auf im stillen.
Zwei Menschen baun auf ihren Willen.

25.

Und rauer wettert's über die Berge herab.
Die hohen Tannen fangen den Wind und juchen;
aus den Taltiefen langen die kahlen Buchen,
als ob sie oben Kräfte zu schöpfen suchen,
so sehnig schlank. Der Mann weist hinab:

Da sieh, wie's wächst, wo Leidenschaften sich drängen!
Hier reckt sich jeder Baum mit kühner Kraft;
wie riesige Schlangen, die sich im Kampf hochzwängen.
O, ich erfuhr's, wie man nach Raum ringt im Engen,
immer bestärkter vom Leid der Leidenschaft!
Wer's aber zu ersticken versucht,
dies tierisch Trübe, göttlich Klare,
von Lust und Liebe Unlösbare,
der ist von Anfang an verflucht:
verdammt zur Ohnmacht: verrückt, verrucht,
wird er an jedem Glück zum Diebe,
zu schwach zum Hass selbst, aus – Liebe zur Liebe.

Er rührt das Weib an, weiterzuschreiten.
Sie steht wie wehrend; und sonderbar
bäumt sich im Wind ihr schwarz schlängelnd Haar.
Sie glättet's. Ihr Blick flammt wie vor Zeiten:

Wem sagst du das? Kam mir je ein Leid,
das ich nicht hinnahm mit rüstigen Händen?!
Wusst ich nicht jedes in Lust zu wenden,
seit wir einander eingeweiht:
uns eint der Geist, der uns entzweit –
ich seh ihn walten nun aller Enden!

135

Ich sehe im Geist sogar die Zeit,
da wird sich Menschenwitz getrauen,
die Erde aus ihrer Axe zu biegen
und anders um die Sonne zu fliegen –
ich sehe das Eis der Pole tauen,
der Blitz wird uns auf Wolken wiegen
doch bis in alle Ewigkeit
wird Hass und Liebe alldem obsiegen!

Zwei Menschen schüttelt ein Wonnegrauen.

26.

Doch ruhig geht der Schein der Sonne unter.
Durchs Rebgelände kriecht der Abendrauch
der kleinen Talstadt und der Moderhauch
des welken Laubes wie verzagt.
Ein Baum wirft sacht ein letztes Blatt herunter.
Das Weib fragt:

Doch die dort unten? sind sie je zu belehren,
dass ihnen unser herrischer Wandel dient?
Einst ritt der Held gepanzert und geschient;
heut muss sich Jeder wie ein Handelsjud wehren!
Ich will an deinem menschlichen Zukunftsglauben
nicht mit Zweifelsfingern klauben,
aber gläubiger hüt'ich unser göttlich Glück!
Jeder Zwist befeindet's. Denk dich zurück:
dein nächster Freund, wie hat er's uns erschwert!
Scheint er dir jetzt nicht hassenswert?

Ihre Stirn treibt Schatten in die Flucht;
in ihrem dunklen Blick zuckt erwachend

ein Irrlicht alter Eifersucht.
Der Mann sagt lachend:

Er ist mir doch zu gottvoll zum Hasse:
ein so urdeutscher Menschheitstyrann,
dass nur der Vollblutjude Liebermann
ihn malen könnte: so schön voll Rasse.
Was sind denn hassenswerte Kreaturen?
Vorwand für unser eigen hässlich Wesen!
Der Deutsche reißt am Zopf des Chinesen,
den Britten wurmt der Eigennutz des Buren.
Du fühlst, wir leben widersittig;
doch lass uns drum den Gott nicht schmähen,
mit dem die Sittsamen sich blähen,
uns treibt er zum Aufschwung mit seinem Fittig!
Wir haben durch ihn den Weg zur Liebe gefunden!
Ich hasse nur in meinen schwachen Stunden.

Da glänzt ihre Stirn auf wie die Abendflur.
Zwei Menschen schweben über ihrer Natur.

27.

Und an fernen Dächern und Kirchen hin wie an Särgen
fliegt der Morgen mit phönixgoldnem Schweif.
Die Nebel lösen sich von den kalten Bergen
und schmücken die Tannen mit reinstem Reif.
Und im Geist aufgehend in den verklärten Landen,
sagt der Mann dem Weib, als sei aller Kampf überstanden:

Sieh, Seele: so werd'ich's immer wieder spüren,
und bin ich noch so menschenmüd, Du:

nur dein Blick braucht sonnig mich anzurühren,
dann fliegen mir Gotteskräfte zu.

Nicht, du, wie damals, als wir uns noch
hochtrabende Götternamen gaben –
die hab ich mit der Toten begraben;
Jetzt tragen wir willig das Menschenlebensjoch.
Jetzt weiß unser Wille erst recht die Flügel zu breiten,
jeden Augenblick kann er hinaus über Räume und Zeiten;
denn selig Seel in Seele ergeben
begreifen wir das Ewige Leben,
das Leben ohne Maß und Ziel,
selbst Hass wird Liebe, selbst Liebe wird Spiel.
Dann ist der Geist von jedem Zweck genesen,
dann weiß er unverwirrt um seine Triebe,
dann offenbart sich ihm das weise Wesen
jedweder Torheit – durch die Liebe.

Er sucht ihren Blick; er will ihr Dunkelstes lesen.
Sie steht, als höre sie ferne Glocken klingen.
Sie spricht, als sei sie in der Zukunft gewesen;

Dann wird uns Segen aus jedem Werk entspringen.
Dann lebst du nicht mehr mit dem Leben in Streit.
Dann kann uns ganz die Ruhe der Allmacht durchdringen.
Nicht Mann, nicht Weib mehr wird um die Obmacht ringen.
Klar über aller Menschenfreundlichkeit
steht Mensch vor Mensch in Menschenfreudigkeit!

Sie öffnet die Arme, als will sie die Welt umschlingen.
Fern flammt der Himmel in goldner Herrlichkeit.
Mit flammt ein Seelenpaar auf Geistesschwingen.

28.

Doch weit und hoch und funkelnd spannt die Nacht
ihr Grauen aus um Turm und Hain und Garten.
Im Tal bezeugt ein Lichtlein ihre Macht.
Die Stadt schläft, von den Sternen bewacht.
Und über die Wipfel deutend, die frosterstarrten,
fragt das Weib mit Vorbedacht:

Doch wenn nach unsern göttlichen Augenblicken
die menschlichen Stunden das Herz beschleichen?
können wir uns wie diese Eichen
mit sichern Wurzeln in jedes Schicksal schicken?
Das Kind kann's noch – da sprachst du wahr;
sie denkt schon dran, hier Spielgefährten zu finden.
Sie kann ihr Herz noch frei an Alles binden;
selbst ihren Büchern bringt sie's dar.
Wir aber, die wir nicht mehr einsam sind
und doch den Zwiespalt dieser Welt empfinden,
dürfen wir träumen wie ein Kind?

Das Licht im Tal erzittert; sie sehn's verschwinden.
Des Mannes Lächeln wird seltsam wild.
Es ist ein Lächeln, das allem Schicksal gilt.
Sein Blick erhebt sich in die nächtigen Fernen,
als lese er die Antwort aus den Sternen,
seltsam mild:

Es ist in uns ein Ewig Einsames –
es ist Das, was uns Alle eint.
Es tut sich kund als Urgemeinsames,
je eigner es die Seele meint.

Sie wurzelt rings im grenzenlos Alleinen;
sie liebt es, sich im Weltspiel zu entzwein,
um immer wieder selig sich zu einen
durch Zwei, die grenzenlos allein.
So lebt die Liebe – das ist kein Traum.
So, Kind, erlebt dein Herz im dürrsten Baum,
was ihm wohl oder wehe tut;
nur leiser, ferner, nicht so nah dem Blut.

Zwei Menschen lächeln über Zeit und Raum.

29.

Und der Wald schweigt wie von Andacht gepackt;
der erste Schnee liegt tief und schwer.
Aus Höfen und Scheunen vom Talgrund her
tönt gedämpft der Dreschertakt.
Fern, groß, im weißen Sonnenglast,
steht eine Bäurin und worfelt Korn;
zuweilen blitzt ihr Sieb auf wie voll Zorn,
dann flattern Spatzen. Der Mann macht Rast:

Dieses Schauspiel ergreift mich immer,
als sei's der Mutter Menschheit Bild.
Da steht das riesige Frauenzimmer,
ihre Worfel schüttelnd, wild, schaffenswild,
die Körner hütend mit harten Tatzen,
vor Eifer glühend, vor Freude rot:
tanzt auch manch leichtes zu den Spatzen,
die schweren geben Menschenbrot.
Und jetzt auf einmal fühl'ich's mit Beben:
deines Schoßes Frucht ist der Allmacht von Nöten!
Und käme auch dieses Kind blind ins Leben

140

und du hast nicht wieder die Kraft, es zu töten,
dann will ich glauben, du hast die höhere Kraft,
die Licht aus tiefstem Dunkel schafft!

Er will sie küssen – ihm stockt das Herz:
sie steht wie weit hinweggetragen.
Ihrem Blick entquillt ein Licht in sein Herz:
das stillt alle Wonne, allen Schmerz:
ein Licht goldner Ruhe – er hört sie sagen:

Bei deinen Worten hat dein Kind
die Augen in mir aufgeschlagen –
es wird nicht blind.
Es sah mich an wie aus tiefem Bronnen.
Seine Augen waren zwei blaue Sonnen.
Es wird wie Du durchs Leben gehen.
Ich hab's gesehen.

Traumhaft flüstert sie: Dein Kind und meins.
Traumhaft schauern zwei Herzen in eins.

30.

Und die Sonne küsst den Schnee vom Dach,
und leise summt die Glut in den Kaminen.
Lächelnd tritt das Weib ins Turmgemach;
breit vom Morgenglanz beschienen
sinnt der Mann auf seine Arbeit nieder.
Er blickt nicht auf. Sie lächelt wieder.
Leise naht sie ihm in heller Freude,
weich umwogt vom Mutterhoffnungskleide:

Lukas – mir war so fröhlich eben:
ich saß und dachte in dich hinein:

der Name, den wir unserm Kind bald geben,
soll auch der Name deines Bergwerks sein.
Und mir kam ein Wort, das wie vom Himmel fiel:
nimm all dein Schicksal als Kinderspiel!
Denn gelt: den reichen Seelen
darf das Glück nicht fehlen,
das sie Andern zeigen als ein Ziel –

Da blickt er auf – sie fühlt sich erbleichen:
seine Augen gleißen, Spott nistet drin.
Seine Hand weist auf einen Bauplan hin:
da liegt ein Brief mit seltsamen Zeichen.
Die Chiffern wogen ihr wie ein Meer.
Rauh kommt seine Stimme zu ihr her:

Ja, ein Spiel – nenn's Schicksal, nenn's Glück, Gott, Welt –
nur: lerne verlieren, willst du gewinnen!
Ich werde mein Werk hier nicht beginnen.
Du wirst bald allein hier auf Namen sinnen;
was du ahntest, hat sich eingestellt.
Hier: aus alter Freundschaft hat man mir diesen
gnädigen Wink von »oben« verschafft:
binnen vier Wochen bin ich verhaftet
oder verbannt – auf amtsdeutsch: landesverwiesen.
Nun heißt es, stolz an neue Arbeit gehn,
damit wir vor dem Gott in uns bestehn!

Aus seinen Augen weicht aller Spott.
Zwei Menschen beugen sich vor Gott.

31.

Und es tanzt der Schnee; kalt flimmern die Flocken
wie Sterne im schwachen Sonnenschein.
Immer stiller starrt das Weib landein.
Aber wärmer immer, als will er sie feien,
streicht der Mann ihre schwarzen Locken:

Wir haben einst als Menschen gefehlt,
nun kommt die Menschheit und will uns strafen.
Aber sieh: ihr Geist hat uns so beseelt,
dass wir wie Kinder, wenn Mutters Schläge trafen,
nur umso lieber an Mutters Herzen schlafen,
der eignen Unvollkommenheit entrückt,
vom Glück aller Seelen mitbeglückt.
Und gleich den Flocken, die irrend vom Himmel tanzen
und findet doch jede ihr irdisch Ziel,
lass uns nun hingehn, als sei's zum Spiel,
und in fremdes Land deutsche Edelsaat pflanzen.
Denn im blutigen Ernst deiner schweren Stunde
– oh, ich fühl's, ich seh's: dann liegst du allein –
aber eilend winkt dir jede Sekunde:
bald wirst du wieder bei mir sein,
wie unsre Kinder mit leichtem Schritt,
und bringst mir die Heimat in jede Ferne mit!
O schweig nicht länger – ja, blick mich an:
sieh, hilfebittend steht hier ein Mann,
den keine Einsamkeit mehr quält,
langsam durch heißen Hass zur Liebe gestählt,
und dem doch heimlich die Heimwehwunde klafft –
o sage mir ein Wort voll tiefer Kraft!

Und er sieht, er fühlt: er muss niederknien –
und ein Blick, eine Stimme, so unermessen
wie rings die Stille, kommt über ihn:

Hast du das Machtwort »Wir Welt« vergessen? –

Und es tanzt der Schnee, und die Flocken wehn
wie Saat des Lichts von Himmel zu Erden.
Keine Grenze mehr. Zwei Menschen sehn
ihr Vaterland unendlich werden.

32.

Doch eine Nacht kommt, da drohn die Weiten;
da hat der Mond Macht. Grausig rein
erleuchtet sein erlauchtes Licht den Hain.
Und das Weib schluchzt auf, wild auf wie vor Zeiten:

Ich trag ein Kind – o Du, von Dir –
ich tu meine Schwachheit auf vor dir!
Du hast meine Seele von mir befreit,
nun kommt leerer als je die Einsamkeit!
Wenn du gehst, und ich taste nach einer Hand
in meiner jammervollen Stunde –

Und sie wirft sich an ihn mit stammelndem Munde,
und mit schmerzgekrümmten Fingern umspannt
seine lahme Rechte sie hart wie Stahl
und rafft sie auf aus ihrer Qual:

Dann lass mein Töchterchen bei dir stehn!
Dann wirst du stark sein! lass sie es sehn!
sehn, wie das Mutterwehe dich schüttelt!
dass sie's mit heiligem Schrecken durchrüttelt!

dass sie bei Zeiten lernt, sich dem Leben
opferherrlich hinzugeben!
dass unsre Kinder einst einfach handeln,
wo wir noch voller Zwiespalt wandeln,
einfältig lieben oder hassen,
mit ganzem Willen die Welt umfassen,
sich heimisch fühlen selbst zwischen den Sternen
und mit jedem Feuer spielen lernen!
Und wehrt mir der Tod, euch wiederzusehn,
dann lass mich in Dir verklärt auferstehn!
Und lebt dir ein Sohn, dann lehr ihn mit Lachen
aus jeder Not eine Tugend machen!
Und unsre Mädchen, die leite an:
das Recht der Frau ist der rechte Mann!
Allen Beiden aber leg ins Herz
die Macht der Liebe über den Schmerz!

Und es leuchtet wie seines ihr Gesicht.
Zwei Menschen sehn sich eins mit allem Licht.

33.

Und es sprießen wohl Sterne aus der Erde,
so strahlt der Schnee im Mittagsglanz,
so sind die Berge Ein Silberkranz.
Aber strahlender noch als all der Glanz
wird nun des Mannes Blick und Geberde:

Nun schau und lausche, ganz wie wir sind,
ganz Geist in Leib, nicht trunken blind,
klar aufgetan bis ins Unendliche,
Unüberwindliche, Unabwendliche,
bis wir im Schoß alles Daseins sind:

und du wirst sehn, Herz, dass die Erde
noch immer mitten im Himmel liegt,
und dass Ein Blick von Stern zu Stern genügt,
damit dein Geist zum Weltgeist werde.
Es ist ihm eingefügt jeder Leib,
vom kleinsten Stäubchen bis zum herrlichsten Sterne,
verknüpft noch in verlorenster Ferne,
Weltkörper alle, auch wir, mein Weib!
Und so, schon jetzt durchkreist vom Schwung
der einst im Tod uns ureins wirrenden Triebe,
aus innerster Erinnerung
im Leben eins durch wissende Liebe,
sieh mich nun stehn in ferner Nacht, allein,
vom Anschaun der Gestirne so durchglutet,
wie wenn die Wonnewelle zwischen uns flutet:
in diesem Anschaun bin ich Ewig Dein
und will dir treuer als je mir selber sein!
Ja, neige dich her – o Mein – o wunderbar:
nun schmückt auch Dich ein erstes graues Haar –

Er schlingt es los aus ihrer Lockennacht;
ihm scheint kein Schnee so zart und rein
wie dieses Silberfadens Schein –

Sie nickt und flüstert wie erwacht:
es ist bis in die Seele Gottes Dein.

Und Sterne sprießen, soweit die Sonne scheint.
Zwei Seelen wissen, was sie eint.

34.

Doch die Stunde des Scheidens naht und naht,
wie wenn die Zukunft eilender rollte.
Und sie gehn noch Einmal den steinigen Pfad,
wo das Werk ihres Geistes wachsen sollte.
Und inmitten der kahlen, vereisten Flächen
muss das Weib einen alten Zweifel aussprechen:

Wenn ich spüre, wie's wächst, mein Fleisch und Blut,
und still neuen Sinn ins Dasein tut,
als fasse der Mensch das Göttliche nur
kraft seiner tierischen Natur,
als hülle, was wir lehren, nur Handlungen,
die wir im Grunde nicht verstehen,
und was wir reden, nur Verwandlungen,
die währenddem mit uns geschehen –
dann frag'ich mich: blickt nicht der blödeste Tor
gottvoller noch als wir zu Gott empor?

Und schauernd sinnt sie nach: zu Gott –
Da sagt der Mann mit mildem Spott:

Zu welchem? Zu dem biblischen Erdaufseher?
Ja, Dem tat's not, Weltweisheit zu verbieten;
die Hunde meines Vaters sind ihm näher
als alle Priester und Leviten.
Wir aber, wir Menschen der wachsenden Einsicht, kennen
ihn anders, den Gott in unsrer Brust,
dank jenem Geist allrühriger Liebeslust,
den ich nicht wage »Gott« zu nennen:
Gott ist ein Geist, der klar zu Ende tut,

was er zu Anfang nicht gedacht hat –
dann sieht er Alles an, was Ihn gemacht hat,
und siehe da: es ist sehr gut! –
Und beugst du dann vor ihm das Knie
und weihst ihm willig deinen Menschenschmerz,
dann spricht der heilige Geist des Fleisches: sieh,
so spielt Gott mit sich selbst, o Herz!

Und kindlich lächelnd, göttlich klar,
schweigt Herz an Herz ein Geisterpaar.

35.

Und Seel in Seele neu begnadet
umschreiten sie die alte Ahnengruft.
In den verschneiten Wäldern badet
der goldenblaue Morgenduft.
Und Hand in Hand vorbei an Baum und Baum
erzählt der Mann dem Weib einen Traum:

Es war, als ging ich irr auf Schicksalswegen,
und nur das Eine wusste ich:
ich kam vom Tod und ging dem Tod entgegen –
da fand ich in der dunkeln Wüste Dich.
Dein Haupt beschirmend hob zur Sternenzone
ein Palmbaum seine starre schwarze Krone;
doch eins der Blätter neigte sich,
als sollten wir's auf einen Friedhof bringen.
Und da wir's nun zu uns herniederzwingen,
da fängt es an zu knistern und zu glühen,
und seine zitternden Adern sprühen
ein leuchtendes Gefäßnetz aus.
Und von dem Ätherglanz mit dir umschlungen,

entschweb'ich, aller Irrsal hell entrungen,
still heimathin durchs Weltgebraus.

Und Hand in Hand vorbei an Baum und Baum
erzählt das Weib: Es muss dein Traum
in meinen Schlaf geleuchtet haben:

Ich schwebte über einem breiten Graben,
und jenseits, hoch am grauen Himmelssaum,
stand deine strahlende Gestalt, doch schlief,
bewacht von sieben dunklen, die sich beugten.
Und während sie im Wasserspiegel tief
mir ihre Ähnlichkeit mit dir bezeugten,
begannen sie in dich hinein zu schwinden.
Und du, erwachend, sprachst, mir beigesellt:
wir sind so innig eins mit aller Welt,
dass wir im Tod nur neues Leben finden.

Und ringsher träumt die Waldung, weiß verkleidet.
Zwei Menschen fühlen, dass der Tod nicht scheidet.

36.

Und Tal und Berge ruhn in bleicher Pracht;
groß blühn die Sterne durch die Bäume,
und lautlos über Raum und Räume
erdehnt ins Leere sich die blaue Nacht.
Und nun ist bald das Schwere vollbracht;
schon rührt sich fern durchs Land, als schlüge
ein Herz im Schnee mit dumpfer Macht,
eisern das Bahngeräusch der Züge.
Und heiß, mit einem Lächeln heiliger Lüge,

haucht das Weib: Nun magst du gehn –
hier, wo wir noch durch unsern Himmel schreiten,
sag ich dir ruhig – – sie bleibt jäh stehn,
ihre Stimme bricht, ihre Hände gleiten
ihr schützend unters Mutterherz,
ihre Lippen zwingen sich zum Scherz:
in guter Hoffnung auf Wiedersehn –

Da muss weit der Mann die Arme breiten:

Nicht aber so! – ja weine, weine –
o sieh: aus tiefster Quelle klar
quillt meine Träne heiß in deine –
und mich verklärend mit dem Glorienscheine
um dein nachtentsprossen Haar,
steh ich hier vor dir und schwör dir: Nie
wird diese Klarheit enden! – Sieh:
es legt das Dunkel sich in meine Hände,
als ob es Zuflucht suchte und nun fände:
zu Sternen heb'ich meinen sichern Blick!
Da – o Glück:
ahnst du sie, die Pflicht der Welt?
Ja: von Sphären hin zu Sphären
muss sie Saat aus Saaten gebären,
bringt sie uns das Licht der Welt:
rieselnd wie aus dunklem Siebe
sät es Liebe, Liebe, Liebe
von Nacht zu Nacht, von Pol zu Pol –

Zwei Menschen sagen sich Lebwohl.

Ausgang:

Leb wohl, leb wohl – du hältst dich selbst in Händen.
Du sahst, o Mensch, zwei Wesen deinesgleichen
im kleinsten Kreis Unendliches erreichen.
Du sahst Dein Glück ins Weltglück enden.

CPSIA information can be obtained
at www.ICGtesting.com
Printed in the USA
BVHW031643250621
610447BV00007B/1289

9 783963 452475